EL CARÁCTER DE DIOS

EL CARÁCTER DE DIOS

David Pawson

Anchor Recordings

Copyright © 2018 David Pawson

El derecho de David Pawson a ser identificado como
el autor de esta obra ha sido
afirmado por él de acuerdo con la
Ley de Copyright, Diseños y Patentes de 1988.

Traducido por Alejandro Field
Esta traducción internacional en español se publica por primera vez
en Gran Bretaña en 2018 por
Anchor Recordings Ltd
DPTT, Synegis House, 21 Crockhamwell Road,
Woodley, Reading RG5 3LE

Ninguna parte de esta publicación podrá ser reproducida o transmitida
de ninguna forma o por ningún medio, electrónico o mecánico,
incluyendo fotocopia, grabación o ningún sistema de almacenamiento
o recuperación de información, sin el permiso previo
por escrito del editor.

**Si desea más del material de enseñanza de David Pawson,
incluyendo DVDs y CDs, vaya a
www.davidpawson.com
PARA DESCARGAS GRATUITAS
www.davidpawson.org
Libros de David Pawson disponibles de
www.davidpawsonbooks.com
info@davidpawsonministry.org**

ISBN 978-1-911173-47-2

Impreso por Lightning Source

Índice

1.	Todopoderoso, Creador Abundante	9
2.	Divino, Eterno, Bondad Paternal	21
3.	Santidad, Indignación, Justicia	35
4.	Amabilidad, Amor, Misericordia	45
5.	Nombre, Un Dios	55
6.	Paz, Quietud	69
7.	Reino, Soberanía	79
8.	Trinidad, Unidad	93
9.	Venganza, Ira	105
10.	X, Año, Celo	119
	Notas	129

Este libro está basado en una serie de charlas. Al tener su origen en la palabra hablada, muchos lectores encontrarán que su estilo es algo diferente de mi estilo habitual de escritura. Es de esperar que esto no afecte la sustancia de la enseñanza bíblica que se encuentra aquí.

Como siempre, pido al lector que compare todo lo que digo o escribo con lo que está escrito en la Biblia y, si encuentra en cualquier punto un conflicto, que siempre confíe en la clara enseñanza de las escrituras.

David Pawson

1

TODOPODEROSO, CREADOR ABUNDANTE

¿Acaso no lo sabes? ¿Acaso no te has enterado? El Señor es el Dios eterno, creador de los confines de la tierra" (Isaías 40:28). Es como si el profeta estuviera diciendo: "Si no sabes esto, ¿dónde has estado?".

Este breve libro es sobre Dios, y quiero intentar mantenerlo muy sencillo. Mi intención es ayudar a personas a las que les cuesta creer en él. Quiero que usted sienta que él es real, que él quiere que usted lo conozca personalmente, y que él puede ayudarlo.

Si yo le dijera a un niño: "Dios te hizo", entonces tarde o temprano el niño haría esta pregunta realmente difícil: "Entonces, ¿quién hizo a Dios?". Pero usted es un adulto, y no haría una pregunta así, ¿no es cierto? En realidad, hay una respuesta muy sencilla. Pero, antes que nada, me interesa el hecho de que *Dios lo hizo a usted*.

En lo que escribiré acerca de Dios, no tengo ninguna intención de poner en duda la inteligencia del lector, pero usaré el alfabeto como ayuda memoria. Tomaremos las tres primeras letras del alfabeto:[1] A, B, C. Comenzaremos con el Todopoderoso, Creador Abundante,[2] que es donde comienza la fe cristiana. Los cristianos que usan credos en sus iglesias por lo general comienzan diciendo esto: "Creo en Dios Padre Todopoderoso, Creador de cielo y de la tierra…" Empezaremos por la parte del "Creador".

¿Cómo sé que Dios es el Creador? ¿Qué me lleva a creerlo? Lo sé porque Dios me ha dicho, de tres formas diferentes, que él es el Creador. Primero, me lo ha dicho a través de las cosas que ha hecho; segundo, me lo ha dicho a través de la Biblia. Mantendré el tercero en secreto hasta que lleguemos ahí.

Primero, entonces, Dios me ha dicho que es el Creador a través de las cosas que ha hecho.

Si alguna vez visita la catedral de San Pablo, en Londres, verá que en un rincón hay una placa que le cuenta acerca de Sir Christopher Wren, quien construyó ese maravilloso edificio. La traducción aproximada del latín dice: "Si buscas su monumento, mira a tu alrededor". Es que no hay un monumento de él, sino solo las cosas que diseñó, las cosas que trajo a la existencia luego que el Gran Incendio de Londres destruyera tantas iglesias. Si usted busca el monumento de Dios, mire alrededor, y lo encontrará. Sir Christopher Wren ha estado muerto y enterrado muchos años, pero Dios está vivo. Si busca el monumento vivo de *Dios*, mire alrededor. Un poeta escribió: "Cada zarza común arde con Dios. Hay quienes se quedan sentados sacando las moras y se pierden todo el espectáculo".

Hace muchos años visité la pequeña aldea de Kilburn, en North Yorkshire. En un pequeño galpón un hombre llamado Thompson, un auténtico artesano de la madera, hacía su trabajo. Lo llamaban "Mousey (Ratoncito) Thompson", porque nunca tallaba algo sin grabar un ratoncito en alguna parte. Desde esos días, cada vez que entraba en una iglesia y veía un trabajo hecho en madera, buscaba un ratoncito, y a veces lo encontraba. Entonces decía: "Reconozco la obra del creador de eso. Puedo ver un 'sello' del creador. Mousey Thompson lo hizo". Aun cuando usted no haya conocido a Mousey, creo que aceptaría mi palabra de que yo podía reconocer su trabajo.

Vez tras vez en los Salmos encontrará que David reconoce la obra del Creador. "Cuando contemplo tus cielos, obra de tus dedos…", dice el salmista. Si usted puede mirar al cielo estrellado y no pensar en Dios, hay algo que está bastante mal. Las estrellas son la obra de sus dedos; él creó cada una de ellas. O, refiriéndose a las estrellas, el Salmo 19 dice: "Los cielos cuentan la gloria de Dios, el firmamento proclama…" ¿Qué cosa? La obra de Dios, el Creador.

Ha llevado a muchas personas que no lo conocen a llamarlo "el gran arquitecto del universo" y otros términos similares. Hay un nombre mucho mejor para Dios.

Considerémoslo desde tres puntos de vista. Ante todo: *la existencia misma de algo*. Pedirme que crea que todo esto que vemos a nuestro alrededor simplemente sucedió, que llegó a la existencia por su cuenta, es pedirme que crea algo mucho más difícil que pedir a alguien que crea que alguien lo hizo. Me viene a la mente una pequeña poesía:

"No existe Dios", dice el orador
"No encadenen sus ideas.
El universo evolucionó solo.
Del mundo no hay nada fuera".
Un niño entonces en la multitud
Arroja diestramente una piedra
Que cae con toda precisión
Sobre su preciosa nariz atea.
"¿Quién arrojó esa piedra?", ruge el orador,
A lo cual el sabandija astuto replica:
"¡Nadie! Se arrojó solita sola".

Usted me pide que sea ateo, y yo le digo que me está pidiendo que tenga más fe que si me pidiera creer en un Creador. ¡El solo hecho de que las cosas existan! Parece increíble que todo esto haya surgido por su cuenta. Como lo dijo un filósofo: "Es como si me pidiera creer que una cantidad infinita de monos, jugando con una cantidad infinita de máquinas de escribir, tarde o temprano hubieran producido las obras completas de Shakespeare".

Simplemente es pedirnos demasiado, y no solo está la cuestión de la *existencia*, sino el *diseño*. Agradezco a Dios que tuve el privilegio de estudiar ciencia antes de convertirme en pastor. Recuerdo que un día pasé toda la tarde en un laboratorio con un microscopio, y pasé la noche acostado en la base de un gran telescopio en el observatorio de la Universidad de Cambridge. Esas dos experiencias en conjunto me llenaron de un sentido de sobrecogimiento y admiración. Estaba tan agradecido de ser un creyente. ¡Poder mirar a través de esas lentes y ver, en ambos casos, el diseño más asombroso! Recuerdo la emoción cuando descubrí que una brizna de hierba es mucho más compleja que el mecanismo de mi coche. ¿Usted me pide que crea que no existe un Creador? Pero hay un punto adicional. La compañía que fabricó mi coche logra producir un modelo nuevo cada tres años, pero hay miles de coches como el mío. Pero recuerdo el día que me di cuenta de que no hay dos briznas de hierba idénticas en todo el universo. La originalidad y la inventiva del hombre no puede producir más que un modelo nuevo cada tres años, pero Dios, en su abundante variedad, ha creado el mundo de tal forma que, mientras voy por el camino, no veo dos árboles iguales. "Las poesías son hechas por tontos como yo", dijo un predicador, "pero solo Dios puede hacer un árbol".

Tampoco hay dos personas exactamente iguales. Decimos de algunas personas que son como "dos gotas de agua". ¡Pero si estudia las gotas de agua de cerca verá que no hay dos iguales en todo el mundo! ¿Acaso no es grande Dios? ¡El hecho de que exista algo siquiera, el diseño que podemos ver, el mecanismo intrincado! Aun si se limita a mirar su propio cuerpo, se sentirá inclinado a decir: "¡Te alabo porque soy una creación admirable!".

Pasé un fin de semana con un grupo de médicos —cirujanos, y unos cinco profesores—, ¡y fue tremendo! Ahí estaban, todos produciendo más y más volúmenes de literatura acerca de los cuerpos que usamos, y aun no entienden todos los secretos del cuerpo humano.

No estoy seguro de que "uno está más cerca del corazón de Dios en un jardín",[3] porque en un jardín uno siempre tiene la uniformidad que el hombre ha creado. ¿Lo ha notado? Un cantero puede ser muy prolijo y ordenado; es lo que hace el hombre. Conozco un jardinero que dijo: "Tendrías que haber visto este lugar cuando el Señor lo tenía solo". Pero aun así hay una variedad y una belleza asombrosas en la naturaleza. "Señor, danos ojos para ver que hay un libro que puede leer el que corre".[4] Pero hay personas que no pueden leer, personas que pueden caminar a través de todo esto y nunca ver al Señor. ¿Por qué no? A veces, hay limitaciones exteriores, A veces, hay cosas en la naturaleza que nos desconciertan y ocultan a Dios de nuestra vista.

Una señora que había ido a ver una película sobre la naturaleza dijo: "Destruyó mi fe en Dios". Al parecer, estudiaba la vida de la pradera y mostraba cómo las especies se alimentan de otras especies, cómo cada una se alimenta de la otra, y describía la crueldad y cosas que son difíciles de entender. Ella dijo: "No puedo creer en Dios si es eso lo que hizo". Algunas personas encuentran dificultad en la naturaleza misma. Después de un tifón, un tsunami o un terremoto, vemos mucho sufrimiento. (Vea mi libro *Why Does God Allow Natural Disasters?*[5] para una discusión detallada de esto, y una respuesta bíblica).

Pero creo que la principal razón por la que las personas encuentran que el mundo que nos rodea es difícil de "leer" es un factor interno. Está en sus mentes, y no en otra parte. "Dos hombres miraban a través de las rejas de la cárcel. Uno vio el barro; el otro, estrellas".[6] Depende de lo que uno esté buscando. Si quiere leer una poesía maravillosa, lea *Everlasting Mercy*,[7] de John Masefield, que es la historia de Saul Kane y su conversión. Cuando llegó a conocer a Dios, salió a caminar y cada zarza ardía con Dios. Veía la obra de Dios en cada hoja.

Alguien que me ayudó mucho cuando recién empezaba la vida cristiana había pasado sus noches en las tabernas. Hasta que se convirtió nunca había salido a caminar por el bosque cercano, aunque después cada hoja le hablaba del Señor. Algo había pasado en su interior, y ahora podía "leer el libro de afuera". La Biblia lo dice así: "Dice el necio en su corazón: 'No hay Dios'" y "un hombre que no puede ver a Dios en lo que Dios ha hecho no tiene excusa" (ver Romanos capítulo 1).

Pablo escribió: "Desde la creación del mundo, todos han visto los cielos y la tierra. Por medio de todo lo que Dios hizo, ellos pueden ver a simple vista las cualidades invisibles de Dios: su poder eterno y su naturaleza divina. Así que no tienen ninguna excusa para no conocer a Dios" (Nueva Traducción Viviente). Si un hombre puede decir: "No creo que alguien haya hecho todo esto" es un necio y Dios le pedirá cuentas. No tiene ninguna excusa. Tal vez nunca fue a la iglesia y jamás escuchó a un predicador, pero debería saber que hay un Creador Todopoderoso que hizo todo lo que existe.

Pero yo creo en Dios como Creador no solo porque lo veo en el "libro" de afuera, no solo porque hay un "libro" que puedo leer mientras voy manejando, y mientras miro los montes y echo un vistazo al poderoso mar. Hay otro libro que me dice que Dios es Creador: la Biblia. Me lo dice de principio a fin. Creo que la mayoría de las personas conoce las cinco primeras palabras: "En el principio, Dios creó..." Uno encuentra que ese tema recorre todo el libro hasta los últimos dos capítulos. Si usted no puede verlo en el mundo de afuera, entonces permítame mostrárselo desde la Biblia.

El libro de Job describe a un hombre que se quejó a Dios por su suerte en la vida, pero se olvidó de que estaba dirigiéndose al Señor. La gente se olvida de esto y dice: "¿Por qué Dios permite esto?" y "¿Por qué Dios hizo eso?".

El Señor contestó a Job desde un torbellino. "Prepárate a hacerme frente; yo voy a interrogarte, y tú me responderás. ¿Dónde estabas cuando puse las bases de la tierra? ¡Dímelo, si de veras sabes tanto! ¡Seguramente sabes quién estableció sus dimensiones y quién tendió sobre ella la cinta de medir! ¿Sobre qué están puestos sus cimientos, o quién puso su piedra angular mientras cantaban a coro las estrellas matutinas y todos los ángeles gritaban de alegría? ¿Quién encerró el mar tras sus compuertas cuando este brotó del vientre de la tierra? ¿O cuando lo arropé con las nubes y lo envolví en densas tinieblas? ¿O cuando establecí sus límites y en sus compuertas coloqué cerrojos? ¿O cuando le dije: 'Solo hasta aquí puedes llegar; de aquí no pasarán tus orgullosas olas'? ¿Alguna vez en tu vida le has dado órdenes a la mañana, o le has hecho saber a la aurora su lugar?".

Así sigue durante cinco capítulos, al final de los cuales Job dice: "¿Qué puedo responderte, si soy tan indigno? ¡Me tapo la boca con la mano!". Es el comienzo de la adoración cuando uno se da cuenta de que hay un Creador que hizo todo lo que existe. Nos quejamos, refunfuñamos, y en nuestra pequeñez somos insolentes con el Dios Todopoderoso. Dios dice: "¿Dónde estabas tú cuando hice el mundo? ¿Puedes hacer que el sol salga mañana a la mañana? Yo sí, pero ¿puedes tú?". ¡Recuerde con quién está hablando! Cuando se acerque a adorar a Dios, recuerde con quién se está encontrando: el Creador, el que lo hizo a usted. Sea reverente ante él.

La Biblia nos dice muchas cosas acerca del Creador. Dice primero que *Dios hizo todo lo que existe*. No hay algo que exista y que él no haya hecho. Segundo, nos dice que él hizo todo eso de la nada total. Es interesante que hay una palabra especial para "crear", que significa hacer algo de la nada más absoluta. Alguien me preguntó: "¿Alguna vez los científicos podrán crear vida?". Dije que no, y lo puedo decir con absoluta certeza. No la habrán creado, sino que la habrán fabricado a partir de otra cosa. Pero el día en que un científico pueda pararse y decir: "Sea la vida", y la vida aparezca, entonces creeré que la ciencia puede crear. La ciencia nunca puede crear algo.

La Biblia nos dice, también, que Dios hizo todo que está en el mundo *para la humanidad*. Cuando el hombre conquista las cosas que Dios ha hecho, y las usa para los propósitos divinos, coincide con la intención divina. No va en contra de la voluntad de Dios, sino que está dentro de su voluntad. Él lo hizo, para que pudiéramos tener dominio sobre la creación. Toda nuestra ciencia debería reconocer que solo está haciendo la voluntad de Dios al conquistar las cosas que él ha hecho para nuestro beneficio.

La Biblia nos dice que, cuando Dios hizo todo, lo hizo *muy bueno*. Aquí tiene un pequeño secreto: la Biblia revela que algunas cosas han salido muy mal en la naturaleza. El león no debía comer al cordero. No debía haber terremotos. No debemos culpar a Dios por estas cosas. Cuando la naturaleza salió de las manos de Dios, estaba todo bien. Mi coche puede estar bien cuando sale de la fábrica, pero si lo trato mal, me olvido de hacerle el mantenimiento y lo uso mal, no puedo culpar a otra persona por lo que salió mal. Le doy un secreto maravilloso. Si le preguntara a usted dónde encontraría la creación en la Biblia, estoy seguro que diría "Génesis, capítulo 1". Yo le diría: "Vaya a la otra punta". Porque aquí está lo asombroso que no podría conocer a través de la ciencia, la filosofía o ningún otro canal humano: un día Dios tomará este viejo universo y lo recreará. Al final de la

Biblia dice: "Vi un cielo nuevo y una tierra nueva, porque el primer cielo y la primera tierra habían dejado de existir". Dios no remendará este viejo universo, sino que hará uno nuevo. Es una idea maravillosa, que todo lo que usted puede ver que ha sido hecho es solo temporal. Será disuelto, será descartado, dice la Biblia. Un día, el Dios que hizo todo lo que usted puede ver hará otro gran universo.

La única diferencia —y esto es muy importante, y me lleva a mi tercer punto— entre la primera y la segunda creación al final de la historia, es que en la primera *el hombre* fue lo último creado. En la segunda, el hombre es lo primero *re-creado*. La verdad asombrosa es que Dios está tomando vidas de hombres y mujeres comunes y haciéndolas nuevas, listos para habitar su nuevo universo cuando lo haga. ¿Cómo sé que Dios es el Creador? Leyendo la naturaleza, mirando su libro, pero sobre todo mirando dentro de mí y preguntando: "¿Está el Creador ahí?".

Permítame explicarle lo que quiero decir. En primer lugar, lo podría averiguar con su cuerpo. Si algún aparato en nuestro hogar se descompone, hacemos una de tres cosas. Si mi esposa puede, me pide que saque las herramientas y me ponga a arreglarlo. Tengo que hacer un trabajo de "bricolaje". A veces funciona, a veces no. Si eso no funciona, entonces podría llevarlo a un taller de reparaciones local. Pero podría ser demasiado para ellos también. A veces tiene que volver al fabricante mismo.

Hay quienes saben que Dios es el Creador porque su cuerpo se lo dice. A veces no se sienten bien y se pueden arreglar solos. Tal vez se acuestan una hora antes. Es un trabajo de "bricolaje". A veces consiguen una "reparación local"; el médico le da un medicamento. Pero a veces tienen que llevar el cuerpo de vuelta al Creador y decirle: "Señor, tendrás que hacer algo", y lo hace. Esta persona sabe que Dios, el Creador, aún tiene su cuerpo en la palma de su mano.

Pero me interesa mucho más el poder creativo de Dios en mi espíritu, no en mi cuerpo. Había una vez un hombre que vivía en una casa grande, y encontró que la ventana de su dormitorio miraba hacia el baño de un vecino. Una noche observó a una mujer mientras se bañaba, y fue condenado por esto. Cuando se puso de rodillas más tarde, dijo: "Crea en mí un corazón limpio, oh Dios, y renueva un espíritu recto en mí". Está en el Salmo 51. El hombre era el rey David, y la mujer era Betsabé. Pero él dijo: "Crea en mí". No dijo: "Limpia mi corazón". No dijo: "Remienda esta vieja vida". No dijo: "Ayúdame a mejorar". No dijo: "Ayúdame a conquistar esta tentación". Estaba diciendo: "Señor, quiero un acto de creación. Tengo un corazón sucio. ¿Puedes crear en mí un corazón nuevo, un corazón limpio, un espíritu recto?".

Alabe al Señor, porque puede hacerlo, y lo hace. Hay personas que podrían decir: "Yo conozco a Dios el Creador porque ha creado una nueva vida en mí, una vida que nunca pensé que sería posible. Ha creado un corazón que lo desea".

Pablo dice que, si alguien está en Cristo, es una nueva creación. Yo podría creer en el Creador por los campos y los árboles que me rodean. Podría creer en el Creador porque la Biblia lo dice, y fue lo que me dijeron en la Escuela Bíblica de niño, pero ahora sé que es el Creador porque me ha hecho una nueva creación.

Eso es lo que es convertirse en un cristiano: no remendar lo viejo sino obtener una nueva vida, no intentar mejorar la vieja vida y deshacerse de los hábitos, sino tomar una nueva vida de las manos de Dios. Esto es tan nuevo que uno puede hablar en términos de *nacer* de nuevo. Es esto lo que dice la Biblia en realidad: que el Creador de todo ha puesto su poder a disposición de cualquiera que quiera usarlo. En Isaías 40 dice: "¿Acaso no te has enterado? El Señor es el Dios eterno, creador de los confines de la tierra...", pero de pronto se centra directamente en temas personales, y dice que da fuerza al cansado, y que los que esperan en el Señor renovarán su fuerza.

Es un pensamiento maravilloso, que cada uno de nosotros podría estar en contacto personal con los recursos del Creador y saber que el poder que puso a las estrellas en sus cursos y llenó el átomo está disponible para mí hoy. Era así como hablaba Jesús. Dijo: "Miren la naturaleza. Miren cómo Dios cuida las flores del campo, miren cómo alimenta las aves del aire. ¿No piensan que quiere cuidarlos también a ustedes?".

Camine con el Creador, recuerde a su Creador en los días de su juventud, y luego camine cada día, dándose cuenta de que el Creador Todopoderoso del cielo y la tierra quiere ayudarlo durante el día.

Aun los jóvenes se cansarán y desmayarán, aun los jóvenes necesitan a Dios. Él interviene, y uno *sabe* que es el Creador porque encuentra que puede tocar esas fuentes ocultas de poder en el universo: *por usted mismo*.

Habrá notado que he ido preparando el camino para hablar de Jesucristo. Si alguno está *en Cristo*, es una *nueva creación*.

Todo lo que pueda averiguar acerca del Creador no alcanza para hacer que usted lo ame. ¿Puede amar al gran "arquitecto" del universo? No lo creo. ¿Puede amar a la "primera causa" de todo lo que existe?, citando a un gran filósofo. Uno no puede amar a un Dios que encuentra *solo* a través de la naturaleza. El Creador puede parecer algo impersonal y distante, pero le diré un mejor nombre para Dios: *Padre*. Si el gran Creador puede ser mi Padre, entonces tengo todo lo que necesito.

2

DIVINO, ETERNO, BONDAD PATERNAL[8]

Usted puede descubrir la paz de Dios mientras camina por los campos y los bosques. Puede sentir que ha descubierto la majestad de Dios al contemplar las montañas. Puede sentir que está en contacto con la grandeza de Dios cuando mira hacia el océano. Puede sentir que ha visto la gloria de Dios en una puesta del sol. Pero Jesús dijo: "Nadie llega al Padre sino por mí". Quienes realmente conocen a Dios como Padre son quienes han llegado a conocer a Jesucristo como Salvador.

En Isaías 57:15 Dios es descrito como el excelso y sublime que vive la eternidad. En Mateo 7:11 es descrito como el Padre que está en el cielo que dará cosas buenas a los que le pidan. Si fuera a preguntar a una congregación sobre cuáles de estos dos textos preferiría que predicara, creo que tres cuartas partes dirían el segundo. El primero parece algo fuera de nuestro entendimiento. "El excelso y sublime que vive en la eternidad. ¿Qué querrá significar esto?", algunos podrían decir. Pero cuando hablamos del Padre que da buenas cosas a los que le pidan, puedo empezar a entenderlo.

Voy a tratar ambos textos, para tratar de mostrarle que, si queremos acudir a Dios de una forma real, y conocerlo como es, tenemos que intentar encajar no solo los textos que entendemos, que son claros y sencillos, sino que de alguna forma debemos incluir en nuestro pensamiento las cosas acerca de Dios que nos cuesta entender.

Vamos a las próximas cuatro letras del abecedario, y vamos a mezclarlas un poco, pensando en su *deidad eterna* por un lado y su *bondad paternal* del otro. La primera expresión parece algo que no podemos entender o concebir, pero que tenemos que creer, mientras que la otra parece algo tan sencillo y hermoso que casi no hace falta que diga nada al respecto.

Comenzaré por la más difícil. Uno de los profetas más humanos del Antiguo Testamento fue Oseas, cuya esposa le fue infiel y, como resultado, algunos de sus hijos no eran suyos. Uno siente que aquí hay un hombre que entiende a las personas. Sin embargo, Oseas dice (11:9): "Así dice el Señor: 'Soy Dios, y no hombre'". Una de las cosas que encuentro en personas que están tratando de buscar a Dios, y tratando de creer en él, es que constantemente quieren recortar a Dios a un tamaño humano. Dicen: "No puedo creer en un Dios que no puedo entender. Hasta que no me expliques esto, aquello y lo otro, no esperes que crea en él". Pero uno no puede recortar a Dios a un tamaño humano. "Soy Dios", dice, "y no hombre".

Permítame intentar decirle en lenguaje sencillo por lo menos tres cosas de Dios que nos dice la Biblia que usted no puede entender (y que yo no puedo entender), pero que necesitamos creer. Primero: Dios no tiene cuerpo. Es invisible. Él es real; lo sabemos. Tiene un corazón, una mente y una voluntad. ¡Pero pensar que no tiene cuerpo! Ahora yo sé que la Biblia habla de sus "brazos". "Por siempre te sostiene entre sus brazos". Sé que la Biblia habla de los "oídos" del Señor: "Sus oídos están atentos a sus oraciones". Sé que la Biblia habla de la "mano" del Señor que está sobre mí. Pero nadie lo toma literalmente.

Sabemos que estas son metáforas: lenguaje visual. La Biblia no dice que Dios es como usted, con un cuerpo, sino que "Dios es Espíritu". ¿No es difícil pensar en una persona sin un cuerpo? Es muy difícil sentir que alguien que uno no puede ver es real, y por eso la Biblia dice muy claramente:

"Nadie ha visto a Dios jamás". Uno no llega a él a través de sus sentidos. Uno no puede verlo, no puede escucharlo con los oídos, no puede olerlo o tocarlo. Ninguno de sus cinco sentidos puede hacerlo llegar a Dios. Por eso nadie puede *probar* a un escéptico que existe un ser así.

Hay otra cosa que la Biblia nos dice acerca de Dios que cuesta mucho entender: Dios no tiene cumpleaños. Sabemos que nosotros estamos limitados en el tiempo. Yo tengo un cumpleaños, y usted también. ¿Tiene una edad ahora en la que preferiría pensar que no tiene un cumpleaños? Seguirá apareciendo una vez al año. Uno comienza a vivir cierto día, y habrá un día en que dejará de ser. Nos cuesta pensar en términos de alguien que nunca tuvo un cumpleaños porque no tuvo principio ni final.

Prometí darle la respuesta a la pregunta del niño: "¿Quién hizo a Dios?". Le daré la respuesta sencilla, directa y verídica, pero dependerá de su mente si la acepta o no. La respuesta es: *Dios siempre fue, así que nunca necesitó ser hecho*. Es así de sencillo. En un sentido, es contradictorio preguntar: "¿Quién hizo a Dios?", porque la palabra "Dios" significa alguien que no necesita ser hecho. En realidad, usted está preguntando: ¿quién hizo a alguien que no necesita ser hecho? Dios es de la eternidad a la eternidad. Habita la eternidad. Nunca tuvo un principio y nunca tendrá un final. Hay palabras que usa la Biblia para Dios que usamos en nuestra adoración: "Por siempre jamás", una frase que se repite en el profeta Isaías. Y: "Por todas las generaciones, por los siglos de los siglos". Solo Dios es sin final.

Esta es la segunda cosa que es tan difícil de entender. Yo tengo un cuerpo, *pero Dios no tiene un cuerpo, es Espíritu*. Si usted quiere ponerse en contacto con él no lo puede hacer a través de los sentidos comunes; usted adora en Espíritu y en verdad. Uno nunca puede probar que existe un ser así a una persona que no está en el Espíritu.

Tercero, *Dios no tiene límites*. Recuerde que estoy intentando usar lenguaje sencillo. Los teólogos dirían: "Dios es invisible, Dios es inmortal y Dios es infinito", pero estas palabras significan muy poco. Dios no tiene cuerpo, Dios no tiene cumpleaños y Dios no tiene límites. ¿Qué límites tenemos en nuestra vida? ¿Qué límites tiene mi conocimiento, por ejemplo? Yo podría tratar de leer y meter todo lo que puedo en mi cerebro, pero hay límites a lo que puedo saber. Hay algunas cosas que nunca podré saber. Mi conocimiento del pasado está limitado por mi memoria. Cuanto más viejos nos volvemos, más cuesta introducir algo que uno pueda recordar, hasta que llega un momento en que le resulta más fácil recordar algo que ocurrió hace cuarenta años que algo que ocurrió hace cuarenta días. Mi memoria del presente está limitada por mi información de él. Mi conocimiento del futuro está estrictamente limitado. Ahora, ¿puede imaginar a alguien que no tiene ningún límite de su conocimiento del pasado, el presente o el futuro?

Estaba en un partido de fútbol hace un tiempo, mirando a la multitud de unas setenta mil personas, y pensé: "Me resulta casi imposible creer que Dios conoce a cada una de estas personas individualmente y sabe todo acerca de ellas, hasta la cantidad de cabellos de la cabeza. Eran solo setenta mil personas, y cuando pienso en miles de millones de personas, ¿cómo puede Dios hacerlo? Mi pequeña mente no puede manejarlo. Como el salmista, simplemente digo: "Conocimiento tan maravilloso rebasa mi comprensión; tan sublime es que no puedo entenderlo". Mi mente nunca podría hacerlo, aun con una persona, pero Dios puede hacerlo con millones. Es maravilloso. No hay límites a su conocimiento.

No hay límite a su *presencia*. Dios está en todas partes. Él dice: "Yo soy el que llena los cielos y la tierra".

"Dios no está lejos de ninguno de nosotros", dijo Pablo cuando estaba parado en la colina de Atenas. No está lejos de ninguno de nosotros. Por cierto, vivimos y nos movemos y existimos en él. Aun cuando usted no lo sepa, está tan cerca de él como eso, porque Dios está en todas partes. El cielo es su trono y la tierra es el estrado de sus pies. El universo es pequeño para Dios. Él se sienta en el cielo y sus pies están sobre la tierra. Significa que yo podría emigrar a Australia, y al descender del barco podría decir: "Señor, sigo estando contigo". Estaría tan cerca de mí allí como aquí. ¡Qué gran Dios tenemos!

Una niña oraba una noche y decía: "Bueno, adiós, Señor, nos vamos a Blackpool para las vacaciones mañana". Tenía una imagen recortada de Dios. Había rebajado a Dios al tamaño de un hombre, y no podía pensar en un Dios que pudiera estar en cualquier parte y en todas partes. Aún no había aprendido que Dios no tiene ningún límite a su conocimiento, ningún límite a su presencia.

No hay ningún límite a su poder. Un día Dios dijo a una mujer que tenía cien años: "Tendrás un bebé", y ella se rio. ¿Qué le dijo Dios a esa mujer? Dijo: "¿Hay algo demasiado difícil para Dios? ¿Por qué te reíste?". ¿Era porque su idea de Dios era demasiado limitada? Este refrán recorre toda la Biblia: "¿Hay algo demasiado difícil para mí?". Es maravilloso cuando uno rompe con las limitaciones de su pequeña mente y de pronto se da cuenta de que no hay nada demasiado difícil para Dios. El día que usted llegue a esa fe ya no tendrá más problemas con los milagros. Usted ya no tendrá preguntas cuando lea lo que Dios ha hecho.

A los teólogos les gusta hablar de la omnisciencia, omnipotencia y omnipresencia de Dios. Uno puede tomar esos términos y masticarlos, pero dicen simplemente: no hay límites para Dios, no hay límites a su conocimiento, no hay límites de espacio. Me encantaría estar en dos lugares al mismo tiempo a veces, ¿usted no? Si estoy en un lugar no puedo estar en ningún otro lugar. Pero Dios no está limitado.

Con razón en el Antiguo Testamento el nombre de Dios es "Yo soy el que soy". Si usted diera otro nombre a Dios estaría diciendo que es como otra persona. Pero Dios dice: "¿A quién me compararás? ¿A quién me asemejarás?". ¿Cómo puede decir: "Dios es *como* esto?". Uno simplemente no puede hacerlo. No puede encasillarlo de manera prolija así. Él dice: "Mis pensamientos no son los de ustedes, ni sus caminos son los míos. Mis caminos y mis pensamientos son más altos que los de ustedes; ¡más altos que los cielos sobre la tierra!". Así que saquémonos esta idea de que vamos a reducir a Dios a nuestro tamaño antes de creer. Podemos explicar mucho, o podemos intentarlo, ¡pero nunca podremos reducir a Dios a nuestro tamaño!

Ahora surge el problema: ¿cómo conoceremos *alguna vez a Dios, que es tan diferente de nosotros y tan difícil de entender?* ¿Ha notado que las relaciones personales son difíciles con personas que usted no entiende? Sus amigos son personas que usted siente que entiende. Las personas con las que le gusta estar son los que están en la misma frecuencia. Pero, ¿cómo podemos llegar a conocer a Dios? Uno puede caer ante él con temor y temblor, pero ¿podría amar a alguien tan diferente?

Hay dos formas de superar esta dificultad. Una es intentar hacer una imagen de Dios que lo reduzca a su nivel. Hay dos clases de imágenes que han hecho las personas. Una es una imagen material, un pequeño y grotesco objeto de madera, piedra o metal y decir: "Eso es dios. Ahora puedo entenderlo. Ahora puedo verlo. Ahora puedo tocarlo. Ahora puedo venir y hablarle". Los profetas de la Biblia se ríen de quienes intentan esta forma de entender a Dios. Dicen: si uno reduce a Dios al tamaño de una imagen material, entonces tendrá que llevarlo de un lado a otro. Él no lo llevará a usted. Esta es una forma hermosa de llevar a las personas a reflexionar. El Dios que yo adoro ha dicho: "Aun en la vejez, cuando ya peinen canas, yo seré el mismo, yo los sostendré".

Si intenta reducir a Dios en tamaño, a un objeto visible, alguna imagen que puede besar y al que puede orar, este "dios" que ha hecho, que no es realmente Dios, no podrá ayudarlo. Es solo un trozo de madera o de otro material; muerto, no vivo. Tal vez no sea culpable de esto, pero he notado que cada vez las personas hacen un ídolo o una imagen siempre es de algo terrenal. Podría ser grotesco. Podría tener una docena de brazos, pero cada brazo es un brazo humano. Podría tener ojos por toda la cabeza. He visto una así, pero cada ojo era un ojo terrenal. Si bien estos ídolos estaban tratando de decir: "Dios es así", cada uno de ellos terminó siendo un conglomerado grotesco de rasgos humanos y animales. Uno no puede bajar a Dios a la tierra así.

Segundo, hay quienes intentan tratar de crear una imagen mental de Dios, y dicen: "No voy a aceptar el Dios que está retratado ahí. Voy a reducirlo de tamaño; no en madera o piedra, sino en ideas". La gente obtiene una pequeña imagen mental de Dios; muy pequeña. Si uno hace eso, no llega a él. ¿Por qué? Porque cuando ora solo está orando a su propia imagen mental. Sus oraciones son a usted mismo, y obtendrá las respuestas que *usted* da. Las imágenes mentales no bajan a Dios a su nivel. ¿Quiere que le diga lo que usted necesita? Si queremos entender la *deidad eterna* de Dios, si queremos llegar a quien es tan diferente de nosotros, lo que se requiere es *una imagen moral que podamos ver*. Me refiero a una vida humana que encarne tan perfectamente el carácter de Dios que usted pueda decir a alguien: "Si quiere saber cómo es Dios, mírelo a él". Eso es exactamente lo que Dios proveyó para nosotros.

Él sabía que nuestras mentes son demasiado pequeñas como para lograrlo. Sabía que, si bien podríamos aceptarlo, no podemos entenderlo. En su bondadosa misericordia,

Dios nos dio a Jesucristo, "la imagen del Dios invisible". Estoy citando la Biblia aquí. Así que, si encuentra que palabras como infinito, invisible, inmortal, omnisciente y omnipresente son desconcertantes, entonces digo: "mire conmigo a *Jesús*; en Jesús usted tiene la imagen del Dios cristiano. Fue el apóstol Felipe que quería que Jesús mostrara a los discípulos a Dios el Padre. Jesús dijo: "Felipe, he estado tanto tiempo con ustedes, ¿y no has visto aún? Si me has visto a mí, lo has visto a él". Ahora, de alguna forma todas estas cosas llegan al punto en que mi mente puede comenzar a entender. Cuando miro a Jesús, digo: "Así es Dios". Puedo ver que Dios no es solo alguien que tiene *deidad eterna,* sino que puedo ver su *bondad paternal* ahora, y eso empieza a tener sentido, empieza a llegar a mi corazón.

Me centraré ahora en la bondad paternal de Dios. Puedo empezar a entender, pero nunca cometeré el error de pensar que lo entiendo todo. No debemos cometer el error de pensar que, cuando hemos entendido una idea de Dios, lo hemos entendido todo acerca de él. No, decimos que solo hemos comenzado a entender.

Considere ahora la bondad paternal de Dios, como se revela en Jesucristo. No creo que nadie tendría problemas con la palabra "bondad". Se dice en Hechos 10 que Jesús anduvo haciendo el bien. Aquí había un hombre bueno, una buena vida. ¿Pero se da cuenta de *cuán* bueno?

Un día un joven vino a Jesús, se arrodilló y le dijo: "Buen señor", y Jesús le dijo: "¿Por qué usas la palabra 'bueno' conmigo? Tú sabes que no debes usar esa palabra excepto para Dios. ¿Por qué me llamas 'bueno'? Solo Dios es bueno". Las palabras de Jesús transmiten la verdad de que la bondad en él es la bondad de Dios. Las personas estaban viendo en él la imagen del Dios invisible.

Por cierto, la bondad de Dios que la gente veía era la de alguien que no solo era hombre sino era y es Dios. No se daban cuenta de esto. Lo veían sanar los cuerpos de las personas, lo veían traer sanidad a las mentes, lo veían traer perdón, lo veían resucitar a los muertos, lo veían hacer tantas cosas, y seguían preguntando: "¿Qué clase de hombre es este? No entendemos. No encaja en nuestras categorías. Hay algo más que humano aquí". Poco a poco se acercaron cada vez más a la verdad mientras vivían con él. Entonces, un día, alguien le dijo a la cara: "Mi Señor y mi Dios". La bondad de Jesús era la bondad de Dios, y por primera vez había una vida en la tierra que cualquiera podría mirar y decir: "Así es el Dios que habita la eternidad".

Pensemos ahora en el lado *paternal*. En el Antiguo Testamento el nombre favorito de Dios es Yavé, "Yo soy lo que soy". Pero Jesús no nos dijo que fuéramos testigos de Yavé (a veces traducido como Jehová). Jesús nos dio un nombre diferente para Dios: "Padre". Y, de alguna forma, ese es un nombre que la gente entenderá. Uno le pregunta a alguien que nunca va a la iglesia: "¿Qué significa la palabra 'Jehová' para usted?" y pensará que usted es una persona en un impermeable que golpea la puerta de su casa. Pero si dice: "¿Qué significa el nombre 'Padre' para usted?", significa algo. Dependerá de cómo fue el padre humano de la persona. Para quienes han tenido alguna crianza en un hogar normal, uno puede decir: "¿Qué significa la palabra 'padre' para usted?", y significa algo. Entonces puede apoyarse en eso, porque fue lo que hizo Jesús. Él dijo: "Si los padres terrenales cuidan a sus hijos así, ¿cuánto más lo hará el Padre celestial de ustedes?".

Comenzó por algo que la mayoría de las personas puede entender. Un padre cuida a sus hijos. Si el hijo tiene hambre, y pide comida al padre, ¿le dará un escorpión? No, los padres no se comportan así. Multiplíquelo al infinito y tendrá a su Padre en el cielo, y entonces verá cómo da buenas cosas a quienes se lo piden. Pero Jesús nunca enseñó la paternidad de Dios en un sentido universal. Nunca enseñó este mito moderno de la paternidad de Dios y la hermandad de los hombres, y que *todos* estamos en la familia de Dios. Se cuidó mucho de no hacerlo.

Por cierto, noto lo siguiente: nuestro Señor nunca usó la palabra "Padre" en público. Si no me cree, verifíquelo por su cuenta. Vaya y lea los cuatro Evangelios. Ni una vez, cuando estaba rodeado de multitudes, usó la palabra "Padre". Era algo casi demasiado sagrado como para usar ante el público en general.

Hay tres cosas que pueden ayudarlo a entender lo que significa la palabra "Padre" cuando se trata de Dios. Primero: Dios es el padre de un Hijo engendrado, y solo uno. Jesús fue el único que podía llamarlo "Padre", en el sentido más profundo. Cuando uno mira la vida de Jesús, desde sus primerísimas palabras como un niño de doce años hasta sus últimas palabras como un moribundo en la cruz, encuentra una palabra que recorre como un hilo escarlata de un extremo a otro. El niño de doce años, hablando a José, dijo: "¿No te diste cuenta que debía ocuparme de los negocios de mi Padre?". Sus primeras palabras registradas. Más tarde, cuando llega a su bautismo, Jesús no habla, pero su Padre sí, y dice: "Tú eres mi Hijo amado, y estoy muy complacido". A lo largo de toda su vida, cada vez que estaba en una crisis, Jesús salía para estar a solas con su Padre.

Cuando Jesús estaba por morir, usó la oración de las "buenas noches" que le habían enseñado, como buen niño judío, y dijo: "En tus manos encomiendo mi espíritu". El agregado en su muerte en la cruz fue una palabra al principio: "Padre". Si usted quiere saber cómo es Dios como Padre, mire a su único Hijo. Vea lo que Jesús pensaba acerca de su Padre. Dejó en claro que él había venido para decir a sus oyentes lo que su Padre le había dicho. Había venido para hacer la voluntad de su Padre. Cuando quiso consolar a los que pronto estarían de duelo, dijo: "En la casa de mi Padre hay muchos lugares de descanso".

La palabra que usó Jesús es interesante: "Abba", la palabra judía para "Papito". Durante toda su vida: "¿No sabías que debía estar en el negocio de papá?". "Papá, en tus manos encomiendo mi espíritu". Creo que se da cuenta ahora por qué Jesús no dijo mucho sobre esto en público. Era demasiado sagrado, demasiado maravilloso y demasiado íntimo.

Así que Dios tiene un solo Hijo *engendrado*, y no podemos decir simplemente que todos son hermanos porque todos tenemos un Padre. No, uno puede llegar a decir que todos somos descendientes de Dios, pero no todos somos hijos. Para eso se necesita una adopción.

Llegamos entonces a la segunda cosa. Dios tiene muchos hijos *adoptados*. Yo soy uno, no porque soy lo suficientemente bueno como para serlo, sino porque por la gracia de Dios él me adoptó. Es maravilloso saber que Dios toma a una persona y la adopta en su familia y le dice: "Ahora eres un hijo". Si uno va a algunas de las mansiones de Inglaterra llegará a una barrera y verá un aviso que dice: "Solo para miembros de la familia". Usted, un miembro del público general, no puede ir más allá de la soga. Pero entonces mira, y alguien pasa directamente, y usted sabe que tiene ese privilegio.

Hay lugar en la casa de Dios para todos los que quieran ir. Hay lugar para todos sus hijos e hijas adoptados. Él le da el privilegio para miembros de la familia ahora. Cuando Jesús, el único Hijo engendrado, es su Salvador y Señor, usted se ha convertido en un hijo, y tiene derecho a usar el mismo título de Dios que usó él: "Abba, Padre".

Un día los discípulos encontraron que Jesús estaba orando, y cuando terminó uno de ellos le dijo: "Señor, enséñanos a orar". Note que no dijo: "Señor, enséñanos *cómo* orar".

Una cosa es que le digan cómo orar, y otra cosa es que le enseñen a orar. Jesús dijo: "Cuando oren, digan: 'Padre...'". Él dio este privilegio a quienes creyeron en él y lo aceptaron. Debo admitir que todavía siento algo de temor cada vez que decimos el Padrenuestro de una manera demasiado pública. "Padre nuestro" es un título muy profundo para pronunciar con nuestros labios. Es el Dios que habita la eternidad, el excelso y sublime, infinito, inmortal y, sin embargo, este es el privilegio de sus hijos adoptados.

Tercero, Dios no tiene nietos. Los padres pueden haber sido hijos de Dios y lo han llamado "Padre", pero eso no significa que usted lo hará. Sus abuelos pueden haber conocido al Padre en el cielo, pero eso no significa que usted lo hará. Es algo que no puede ser transmitida por herencia. Dios solo tiene hijos adoptados, quienes vienen como individuos al Señor Jesucristo y dicen: "Cristo, ¿quieres ser mi Salvador?". Entonces se convierten en un hijo, un heredero; un coheredero con Cristo.

He intentado mostrarle que hay algunas cosas en Dios que no podemos entender, pero hay algunas que sí podemos entender. Hemos recibido de manera maravillosa una imagen del Dios invisible en Jesucristo. Cuando miramos a Jesús vemos la bondad paternal de Dios.

Es absolutamente vital que usted mantenga ambos lados juntos. Primero, es vital para su bienestar y segundo, es vital para su adoración. Tome el primero: es vital para su bienestar. Puedo recordar los días en que pensaba que mi padre terrenal era omnipotente. Todo lo que hacía se lo llevaba a él y esperaba que hiciera algo al respecto. Mi hijo pasó por esa etapa también. Tenía la situación más imposible y venía a mí. Rompía un juguete de una forma que no podía ser arreglado y venía y me decía: "Papi, ¿puedes hacer algo con esto?". Descubrió, como descubrí yo, que hay límites en el poder de un padre terrenal. También descubriría, como descubrí yo, que uno no vive con su padre terrenal para siempre, que tiene que dejarlo, y que él está limitado a un lugar, y no siempre puede recurrir a él. También descubrirá que, en circunstancias normales, su padre probablemente dejará este mundo antes que él, y habrá un final para su padre.

Pero si tengo un Padre celestial, alguien que no tiene un final, alguien que nunca me desilusionará, alguien que irá donde yo vaya, entonces puede ver qué Padre hermoso tengo. ¿Ve lo que significa para mi bienestar? Había una niñita sentada en un tren, y una señora que estaba sentada frente a ella notó que estaba sola, y le dijo: "¿No tienes miedo de viajar sola?". Ella le dijo: "No". La señora le dijo: "¿Por qué no?". Le contestó: "Porque mi papá está conduciendo el tren".

Si uno puede enfrentar la vida así, y alguien le pregunta: "¿Por qué no tienes miedo?", y usted dice: "Porque mi Padre celestial tiene el universo en su mano, mi Padre está manejando todo esto", ¿se da cuenta la diferencia que hace? Por eso digo que tenemos que mantener juntos en nuestro pensamiento no solo las cosas de Dios que podemos entender, sino también aquellas que no podemos entender, pero en las que nos alegramos. Escuche este texto que ha ayudado a muchas personas a través de dificultades. Ayudó a mi padre a través de una operación muy seria. Otro paciente metió el papel en su mano justo antes de que entrara en el quirófano. Tenía escrito lo siguiente: "El Dios eterno es tu refugio; por siempre te sostiene entre sus brazos".

Ahora bien, no entiendo *eterno* y *por siempre*, pero agradezco a Dios que los brazos de mi Padre celestial son por siempre y que mi refugio es eterno. ¿Lo entendió? Una cosa es creer en un padre, y otra cosa es creer en un Padre *eterno*. Una cosa es creer en alguien que lo cuida, y otra cosa es creer en alguien que está en todas partes cuidándolo. Así que las cosas que podemos entender, y las cosas que no podemos entender, se unen y simplemente llenan nuestra fe con una *confianza* maravillosa.

Tenemos que mantener estas dos cosas juntas en nuestra adoración. He estado en algunas iglesias donde el entendimiento de Dios era que él estaba tan lejos que el culto era frío. Simplemente no me llegaba. He estado en otras iglesias donde las personas eran demasiado compinches con Dios. No había ninguna reverencia. Creían en lo que podían entender, y era todo lo que podían ver. No había ningún sentido de que estaban acudiendo a un Padre eterno.

3

SANTIDAD, INDIGNACIÓN, JUSTICIA[9]

Este es un pasaje de Isaías capítulo 6. No vamos a detenernos en el versículo 8, que es donde se ha detenido en cada lectura pública de este texto que he escuchado:

El año de la muerte del rey Uzías, vi al Señor excelso y sublime, sentado en un trono; las orlas de su manto llenaban el templo. Por encima de él había serafines, cada uno de los cuales tenía seis alas: con dos de ellas se cubrían el rostro, con dos se cubrían los pies, y con dos volaban. Y se decían el uno al otro: "Santo, santo, santo es el Señor Todopoderoso; toda la tierra está llena de su gloria". Al sonido de sus voces, se estremecieron los umbrales de las puertas y el templo se llenó de humo.

Entonces grité: "¡Ay de mí, que estoy perdido! Soy un hombre de labios impuros y vivo en medio de un pueblo de labios blasfemos, ¡y no obstante mis ojos han visto al Rey, al Señor Todopoderoso!".

En ese momento voló hacia mí uno de los serafines. Traía en la mano una brasa que, con unas tenazas, había tomado del altar. Con ella me tocó los labios y me dijo: "Mira, esto ha tocado tus labios; tu maldad ha sido borrada, y tu pecado, perdonado".

Entonces oí la voz del Señor que decía: "¿A quién enviaré? ¿Quién irá por nosotros?".

Y respondí: "Aquí estoy. ¡Envíame a mí!".

Él dijo: "Ve y dile a este pueblo: 'Oigan bien, pero no

entiendan; miren bien, pero no perciban'. Haz insensible el corazón de este pueblo; embota sus oídos y cierra sus ojos, no sea que vea con sus ojos, oiga con sus oídos, y entienda con su corazón, y se convierta y sea sanado".

Entonces exclamé: "¿Hasta cuándo, Señor?".

Y él respondió: "Hasta que las ciudades queden destruidas y sin habitante alguno; hasta que las casas queden deshabitadas, y los campos, asolados y en ruinas; hasta que el Señor haya enviado lejos a todo el pueblo, y el país quede en total abandono. Y, si aún queda en la tierra una décima parte, esta volverá a ser devastada. Pero así como al talar la encina y el roble queda parte del tronco, esa parte es la simiente santa".

Una cosa es decir a Dios: "Aquí estoy, envíame a mí". Bastante distinto es estar preparado para entregar el mensaje que Dios lo envía a dar. Tal vez nunca pensó así acerca de Dios. Tal vez nunca lo impactó toda la plenitud de la deidad. Espero que, para cuando terminemos el libro, comience a darse cuenta de que Dios es muy grande.

Comenzamos de manera muy sencilla con el ABC, y dije que Dios era nuestro **C**reador Todopoderoso (*Almighty*) y **A**bundante (***B****ountiful*), pero la Biblia no usa esos adjetivos con relación a él. Dice que es nuestro Creador *santo*. Luego pasé a su **D**eidad y su **E**ternidad, que lo hace diferente a nosotros. Un versículo de la Biblia comienza diciendo: "Soy Dios, y no hombre", pero continúa: "Yo soy Dios y no hombre, el Dios santo". Hemos visto que Dios es nuestro Padre, y nos regocijamos en eso, pero cuando Jesús oró a su propio Padre, dijo: "Padre santo". Cuando oramos el Padrenuestro, siempre debemos recordar incluir: "Santo sea tu nombre" o, como aparece en la versión que conocemos: "Santificado sea tu nombre".

Nunca debemos olvidar que la palabra "santo" tiene que

ser puesta delante de todo lo demás que digamos acerca de Dios. Aun decir "Dios es amor" es peligroso, a menos que agreguemos el adjetivo "santo", porque hay tantas formas no santas de amor dando vueltas que no obtendremos el cuadro correcto. Así que tomaré la letra "H" (***Holiness*** = Santidad), pero tomaré dos atributos más que están relacionados. Quiero enseñar acerca de ***la santidad, la indignación y el juicio de Dios***. Esto será una preparación adecuada para ***su amabilidad, amor y misericordia***.

La santidad de Dios, su indignación y su juicio; un tema muy serio. No lo elegiría si la Biblia no me hubiera ordenado hablar de esta clase de cosas. No son demasiado "simpáticas" o agradables, y probablemente su temperamento reaccione también, pero es cierto. Tomemos la palabra "santo" primero. Es una palabra que está desapareciendo del inglés-español. Hay muy pocas cosas que aún son consideradas santas.

La expresión "santo" se usa en diferentes sentidos. En primer lugar, algunos lo usan en palabrotas. Las palabrotas toman algo santo y lo tratan como algo profano para ser pisoteado. La mayoría de ellas se refieren directamente a la religión o al sexo, las dos relaciones más santas que conocemos: nuestra relación con Dios y nuestra relación entre hombres y mujeres. Hay otros que usan la palabra "santo" no en una palabrota sino sarcásticamente. "Es un santito", o tiene una actitud de "ser más santo que tú", usados como insultos. Por cierto, si alguien dijera que soy un "santito", me sentiría insultado. Sentiría que he dado una mala impresión o que estaba diciendo algo desagradable acerca de mí. ¿No es trágico, que esta palabra, que pertenece a Dios y describe a Dios, sea usado en palabrotas o de manera sarcástica? Más en el exterior que en Inglaterra, la palabra "santo" es usada frecuentemente en un sentido supersticioso, indicando que deben evitarse personas, lugares u objetos porque son misteriosos, porque son extraños y parecen estar asociados con un poder sobrenatural. Estamos empezando a acercarnos más.

Luego están quienes usan la palabra "santo" simplemente para describir algo sagrado. Jacob, en Betel, dijo: "Este es un lugar santo". A Moisés, cuando vio la zarza, se le dijo: "Quítate las sandalias, porque estás pisando tierra santa", con el sentido de un lugar sagrado. Un filósofo alemán llamado Rudolf Otto escribió un libro que ha influido profundamente a muchos teólogos de este país. Lo llamó "La idea de lo sagrado" y acuñó una palabra: "numinoso". Lo que quería decir era un lugar, un objeto o una persona que le da a uno la sensación de "no tocar, mantenerse alejado". Este es un uso sagrado, pero aún no es el uso bíblico.

El uso bíblico de la palabra "santo" significa mucho más que poder sobrenatural. Significa pureza sobrenatural. Es el carácter mismo de Dios, y cuando alguien dice "Dios es santo", quiere decir que Dios es más limpio de lo que puede imaginar. Dios es completamente puro. Es algo que nunca hemos conocido, así que nos cuesta imaginarlo.

Trataré de hacerlo real para usted. ¿Puedo empezar haciendo dos preguntas muy sencillas? Primero, ¿cómo sería encontrarse con una persona realmente santa? ¿Le agradaría una persona así o le desagradaría? ¿Se sentiría atraído a esa persona o repelida por ella? Cuando Jesús estuvo sobre la tierra, por primera vez en la historia humana una persona realmente santa estaba viviendo en medio de las demás personas. Podemos contestar la pregunta con otra pregunta: "¿Cómo se sintieron los hombres y mujeres con relación a una persona santa llamada Jesús?".

La respuesta es muy sencilla. Al principio, se sintieron atraídos, y venían de a miles. Lo amaban, querían estar con él. Pero muy pronto pasaron a la incomodidad. Comenzaron a sentirse algo incómodos cuando se acercaban a él. Comenzaron a sentirse algo sucios, comenzaron a sentirse algo pecaminosos. Comenzaron a decir ciertas cosas, como un discípulo que dijo: "Apártate de mí, porque soy un pecador". En inglés-español sencillo: "No soy alguien para personas como tú". El resultado de esto fue que después de tres años la gente lo odió. Esa es la forma en que muchos reaccionan a una persona realmente santa. Al principio pueden sentirse atraídas, luego se sienten incómodas, y terminan odiándola. Fue lo que ocurrió con Jesús. Su santidad tuvo este efecto. Por eso Jesús dijo: "Me odiaron a mí y los odiarán a ustedes". Pero el odio será en proporción a la santidad que usted tenga.

"Serán perseguidos todos los que quieran llevar una vida piadosa en Cristo Jesús,", dijo Pablo. El odio de otros se confronta con la santidad, si es real.

Cuando Isaías estaba completamente solo en el templo un día, estaba pensando en Dios, y de pronto dijo: "Dios es santo, santo", y se dio cuenta de que era un hombre de labios impuros. No se había dado cuenta de que alguien puede ser una persona sucia en lo que *dice* además de en lo que uno *hace*. De pronto se dio cuenta. "Ay de mí, estoy perdido..." Eso no fue el final de la historia. La santidad de Dios descendió y lo cauterizó, y quemó la suciedad de sus labios. Isaías pudo ser hecho santo por Dios.

La otra pregunta que podría introducirnos en el sentido de la palabra "santo" es esta: ¿qué sentiría una persona realmente santa si se encontrara conmigo? ¿Alguna vez se puso a pensar en esto? ¿Qué sentiría esa persona si se encontrara conmigo y supiera todo acerca de mí? De nuevo, es muy difícil de imaginar, porque nunca he sido completamente santo, así que no lo sé. Tendremos que comenzar por la Biblia y preguntar: "¿Cómo se siente Dios cuando se encuentra conmigo?". Lo encuentro en los Salmos, y en Isaías, Jeremías, Ezequiel, Daniel, Miqueas, Nahúm, Habacuc, Sofonías. En cada uno de estos libros, dice que, cuando Dios se encuentra con el hombre, está *indignado*.

Por eso uso la letra "I" aquí. Cuando la santidad se encuentra con algo que no es santo, entonces el resultado inmediato es la indignación, y esta es una palabra bíblica. ¿Recuerda cuando Jesús se enojó? ¿Recuerda cuando sacó a los mercaderes a latigazos del templo? Eso fue una *indignación* santa y recta.

Volvamos al principio. Dios hizo el mundo. Lo modeló con sus manos y lo completó, y luego lo miró y dijo: "Eso es bueno". Puso árboles y flores en él, y animales, y pájaros y peces, y dijo: "Eso es bueno". Luego puso hombres, completó su trabajo y dijo: "Eso es muy bueno. Ahora sigan así". El segundo capítulo de Génesis dice eso, y que no debían permitir que el conocimiento del mal lo arruinara. Usted sabe lo que ocurrió.

Dios mira desde arriba un mundo que salió de sus manos como un mundo muy bueno, y no es un mundo muy bueno ahora. Tiemblo por los niños al darme cuenta de la clase de mundo en que viven. Pero, ¿se da cuenta lo que siente Dios cuando mira desde arriba? Está indignado. ¡Por supuesto que lo está! Lo hizo hermoso, ¡y la humanidad lo ha arruinado! Lo dejó muy bueno, y mire lo que la gente ha hecho con su desconfianza, odios, chismes y crueldades... Somos vándalos en el universo de Dios y, hasta que nos demos cuenta de esto, cada uno de nosotros, nunca comenzaremos a ser santos, porque yo he agregado mi parte a los problemas del mundo. No los he reducido. He agregado mi parte de egoísmo, mal carácter e impaciencia, al igual que usted. No es de extrañar que Dios esté indignado. Un profeta dice de Dios: "Son tan puros tus ojos que no puedes ver el mal". No puede tolerar verlo. No sé si alguna vez usted se ha sentido así de santo. Es una experiencia humana rara, pero Dios es así todo el tiempo.

Por lo tanto, llego a la pregunta que hace Nahúm: "¿Quién

podrá enfrentarse a su indignación?". ¿Quién puede enfrentar a un Dios airado? ¿Qué producirá esta ira? La respuesta es, y aquí llego a mi tercera letra, debe producir **Juicio**. Un Dios que está indignado *debe* proceder al juicio. Debemos tomar esto muy en serio. Contra este trasfondo podemos llegar a la gloriosa noticia de que es amable, amoroso, misericordioso. Uno nunca entenderá la amabilidad de Dios hasta que haya entendido que **Dios es el Juez de toda la tierra.**

¿Cómo sabemos que él es el Juez? La respuesta es muy sencilla: por lo que ha hecho en el pasado, por lo que está haciendo ahora, y por lo que hará en el futuro. No me gusta hablar de esto. No me gusta predicar acerca de esto. Pero está ahí, y si soy fiel a Dios y me presentaré un día ante él como predicador y maestro, debo hablar de estas cosas.

Tome el pasado. Los registros históricos del Antiguo Testamento contienen algunos ejemplos notables de momentos en que la indignación de Dios llegó a un punto de ebullición y desbordó. Considere Sodoma y Gomorra, y los dos pueblos vecinos. No ha quedado nada de ellos salvo un cementerio. No hay ningún hombre o mujer viviendo ahí. ¿Por qué? Porque Dios llegó al punto en el cual su indignación fue tal que dijo: "Debo juzgar a estas ciudades", cuatro de ellas, y han desaparecido por completo.

Lo mismo ocurrió con Jericó. Es una ruina, y no hay nadie viviendo en la vieja Jericó. Hay un pueblo con ese nombre hoy, pero está como a dos kilómetros. Es otro lugar. Jericó ha desaparecido. Babilonia ha desaparecido. Dios dijo: "Nadie vivirá jamás en ti nuevamente". ¿Sabe que los porteadores árabes no deseaban quedarse dentro de los muros de Babilonia o Nínive de noche por temor a los "jin" o "malos espíritus"? Tiro ha desaparecido. Cada una de estas ciudades ofendió de tal forma la santidad de Dios que su indignación desbordó en juicio.

Hubo una vez que toda una sociedad sufrió lo mismo, en

los días de Noé. Acá había una sociedad que vivía puramente en el nivel físico. Nunca fueron más arriba. Comían, bebían, y vivían para satisfacer solo sus deseos físicos. Fue en ese nivel que la indignación de Dios desbordó. Dijo: "Ustedes no están viviendo para las cosas para las que quise que vivieran". El resultado inmediato fue que la violencia llenó la tierra. Esto es tan actual como nuestras noticias, ¿no es así? Cuando las personas viven para las cosas materiales solo, y solo para las cosas físicas, la violencia llenará la tierra. La sociedad del tiempo del Noé fue obliterada completamente, excepto ocho personas.

También hubo individuos, como el hombre Acán y la mujer Jezabel. La Biblia está llena de suficientes ejemplos como para decirle que llega un punto en que la indignación de Dios desborda en juicio.

Eso es el pasado, pero ¿y el presente? ¿Podemos discernir sus juicios hoy? ¡Sí! En un nivel social. Lea Romanos, capítulo 1, y parece el día de hoy, cuando dice: "Cuando los hombres abandonaron a Dios, Dios abandonó a los hombres..." El resultado inmediato: mentes pervertidas y cuerpos pervertidos. Relaciones antinaturales de hombres con hombres y de mujeres con mujeres. Lo reto a estudiar ese capítulo de Romanos. Los juicios de Dios están en la tierra hoy y, sin ser un alarmista o exagerar, creo que nuestra nación está bajo el juicio de Dios a la luz de Romanos 1. Su indignación llega a cierto punto, y cuando consideramos las oportunidades que nuestra nación ha tenido, es lo mínimo que nos merecemos. Hay muchos robos, crueldad, explotación, agresión y violencia.

Vayamos al futuro. Pablo, cuando estaba en el Areópago, dijo que Dios ha designado un día en que juzgará el mundo. Viene un día en que todos los malvados serán tratados por Dios. Viene un día en que todo secreto será revelado, cuando todo lo que hemos hecho y todo lo que hemos dicho deberá ser enfrentado. Ese será el día final y más escrutador de todos.

Alguien podría preguntar: "¿Es este el Dios y Padre de nuestro Señor Jesucristo? ¿Es este el Dios en quien creía Jesús?". Mi respuesta es: "Sí, es así". Y le daré cinco razones por las que creo que es el Dios de Jesús. Se ha producido una falsa dicotomía en el siglo XX entre el "Dios del Antiguo Testamento" y el "Dios del Nuevo Testamento", como si fueran dioses diferentes. Alguien me preguntó: "¿Usted cree todo lo que la Biblia dice acerca de Dios?". Cuando dije que sí, me miró con extrañeza. Lo creo, y creo que todo lo que he dicho aquí lo creía Jesús. Permítame decirle por qué.

Primero, Jesús tenía una Biblia, y su Biblia era el Antiguo Testamento. No tenía otra. Esa era la Biblia en la que había sido criado, y es la Biblia a la que puso su sello, y es la Biblia que citaba.

La segunda razón es que dentro del Nuevo Testamento mismo uno tiene el cuadro más claro posible de un Dios que es santo, se indigna y juzga. El último libro del Nuevo Testamento, el libro de Apocalipsis, es un libro escrito por Jesús. Dice ser la palabra de Jesús, el Jesús resucitado y ascendido que habla a la iglesia. Ese es el Dios que él describe allí.

La tercera razón es que, en las epístolas del Nuevo Testamento, Pablo habla del día de la ira cuando "Dios juzgará los secretos de toda persona, como lo declara mi evangelio", y no hay otro evangelio. Esa es la buena noticia. Tiene que mala noticia antes que sea buena noticia.

La cuarta razón es que, en Mateo, Marcos, Lucas y Juan, Jesús mismo cita como sucesos históricos los juicios de Noé, los juicios de Sodoma y Gomorra, el juicio de Nínive. Por lo tanto, debemos tomarlos en serio.

La quinta razón, y la razón final, es simplemente que Jesús mismo, en sus propias palabras, habló de este tipo de Dios. Quiero recordarle algunas palabras de Jesús, solo tres versículos: "Porque así como el Padre tiene vida en sí mismo, así también ha concedido al Hijo el tener vida en sí mismo, y le ha dado autoridad para juzgar, puesto que es el Hijo del hombre. No se asombren de esto, porque viene la hora en que todos los que están en los sepulcros oirán su voz, y saldrán de allí. Los que han hecho el bien resucitarán para tener vida, pero los que han practicado el mal resucitarán para ser juzgados". Estas son palabras de Jesús. Este es el Dios y Padre de nuestro Señor Jesucristo.

Hay una salida, hay una forma de encontrarse con un Dios santo. Hay un camino de perdón, hay una forma de llegar a ser santo, como él es santo. Hay una forma para que el hombre se levante. Hay una manera, y el Dios que es santo, el Dios que se indigna cuando se encuentra con algo que no es santo, el Dios que debe juzgar a los vándalos del universo que han arruinado lo que hizo, ese Dios es amable, es amoroso y misericordioso, y no disfruta para nada de la muerte de los malvados. Es demasiado santo como para hacerlo, y ha provisto a Jesucristo.

"Es por tus misericordias", dice el libro de Lamentaciones, "que no somos consumidos; tus misericordias son nuevas cada mañana". Es debido a esto que nos atrevemos a tomar pan y vino en nuestras reuniones, y recordar que la misericordia venció la ira, y que el juicio que nos correspondía a cada uno de nosotros ha sido alejado y puesto sobre Jesucristo. Él ha enfrentado esa indignación y esa santidad por nosotros, y ha hecho posible el perdón que nos hace nuevas criaturas.

La santidad de Dios, su indignación y su juicio se ven tan claramente en la cruz como su amabilidad, su amor y su misericordia.

4

AMABILIDAD, AMOR Y MISERICORDIA[10]

En otro tiempo ustedes estaban muertos en sus transgresiones y pecados, en los cuales andaban conforme a los poderes de este mundo. Se conducían según el que gobierna las tinieblas, según el espíritu que ahora ejerce su poder en los que viven en la desobediencia. En ese tiempo también todos nosotros vivíamos como ellos, impulsados por nuestros deseos pecaminosos, siguiendo nuestra propia voluntad y nuestros propósitos. Como los demás, éramos por naturaleza objeto de la ira de Dios. Pero Dios, que es rico en misericordia, por su gran amor por nosotros, nos dio vida con Cristo, aun cuando estábamos muertos en pecados. ¡Por gracia ustedes han sido salvados! Y en unión con Cristo Jesús, Dios nos resucitó y nos hizo sentar con él en las regiones celestiales, para mostrar en los tiempos venideros la incomparable riqueza de su gracia, que por su bondad derramó sobre nosotros en Cristo Jesús. Porque por gracia ustedes han sido salvados mediante la fe; esto no procede de ustedes, sino que es el regalo de Dios, no por obras, para que nadie se jacte. Porque somos hechura de Dios, creados en Cristo Jesús para buenas obras, las cuales Dios dispuso de antemano a fin de que las pongamos en práctica.

Efesios 2:1-10

¿Se dio cuenta de que aparecen tres palabras en este breve pasaje, Amabilidad/bondad (***Kindness***), Amor (***Love***) y

Misericordia, nuestras tres próximas letras del alfabeto? La gente es muy infantil con la Biblia. Toman un versículo y dice: "Oh, ¿no es hermoso? Voy a guardarlo, voy a escribirlo". Luego toman otro versículo y piensan: "Vaya, no me gusta lo que dice eso acerca de Dios. Voy a descartarlo". La tragedia es que nunca obtienen el cuadro completo, y nunca ven a Dios como es realmente, en toda su plenitud, la plenitud de la deidad. ¡Pero estoy bastante seguro de que nadie tendrá alguna objeción a estas tres palabras! Ahora bien, si bien esta es la parte más hermosa del cuadro de Dios, es la más difícil de predicar. Porque son tres cosas que son muy difíciles de poner en palabras. Nuestro entendimiento de ellas por lo general llega a través de hechos, acciones. Por lo tanto, si quiero ayudarlo a entender la amabilidad, el amor y la misericordia de Dios, debo describir los hechos de Dios a través de los cuales conocemos estas tres cosas.

En otras palabras, estas tres virtudes deben ser *practicadas* más que predicadas. Tome la *amabilidad*. Todos sabemos lo que significa la amabilidad, pero ¿cuántos podríamos definirla? Estoy bastante seguro de que podría decir acera de alguien: "Es una persona amable", pero si yo le preguntara: "¿A qué se refiere?", creo que tendría que pensar un tiempo hasta poder decirlo. Usted simplemente *sabe* de manera instintiva que esa persona es amable.

La amabilidad incluye ser considerado. Significa alguien que cuida, y alguien que sigue cuidando y está preparado para cuidar a alguien que no es digno. Esta amabilidad aparece en la Biblia. Uno la encuentra tanto en el Antiguo Testamento como en el Nuevo Testamento. Una de las palabras más comunes en el Antiguo Testamento es "amabilidad amorosa", y ocurre más frecuentemente en un librito llamado Oseas, que podríamos subtitular "El profeta y la prostituta", porque saltó a los titulares en Israel cuando este profeta se casó con esta mujer. Todos sabían lo que era él, y lo que era ella, y causó un verdadero revuelo. Dicho y hecho, las predicciones de los chismosos se hicieron realidad cuando ella lo dejó y se fue con otro hombre. Pero Oseas salió a buscarla en las calles hasta que la encontró. No la reconoció cuando la encontró, pero la trajo de vuelta. A través de esta experiencia personal en su propia vida, el predicador Oseas vio lo que significaba realmente la amabilidad amorosa, y pudo predicar sobre esto porque lo había practicado. Su mensaje fue que Dios es así: Israel es una esposa infiel, pero Dios aun muestra su amabilidad amorosa.

Cuando vamos al Nuevo Testamento, es aún más claro. Usted ha escuchado acerca del sermón del Monte, ¿pero ha leído el sermón de la Llanura? Está en Lucas capítulo 6, y acá hay un párrafo de ese sermón. Jesús dijo: "Ustedes, por el contrario, amen a sus enemigos, háganles bien y denles prestado sin esperar nada a cambio. Así tendrán una gran recompensa y serán hijos del Altísimo, porque él es bondadoso [amable] con los ingratos y malvados. Sean compasivos [misericordiosos], así como su Padre es compasivo". ¿Notó las tres palabras nuevamente?

Esta es la enseñanza de Jesús, pero yo le recomiendo la carta de Pablo a Tito, en la que el apóstol escribe acerca de la amabilidad amorosa de Dios que apareció en nuestro Salvador. Usted nunca entenderá lo amable que es Dios hasta tanto mire a Jesús.

Hay cuatro ejemplos supremos de la amabilidad de Dios en Jesús. *Primero, que haya venido siquiera.* Que estuvo dispuesto a ir a vivir a cierto lugar para salvar a personas, y a vivir a un lugar que no era tan agradable como el lugar donde había vivido.

Escuché de un cristiano en Cardiff que acostumbraba ir a visitar la parte más pobre de la ciudad. Subía las escaleras en los edificios de apartamentos, llamaba a las personas y les hablaba del amor de Dios. Un día estaba parado fuera de la puerta de uno de los edificios cuando estaba saliendo, y escuchó a una mujer que decía a un vecino que estaba de visita: "Está muy bien que él venga a hablar del amor de Dios, pero no vive aquí; vive en una linda casa del lado correcto de la ciudad". Vendió su casa en el lado correcto de la ciudad y fue a vivir en ese edificio. La amabilidad amorosa de Dios nuestro Salvador apareció en el hecho de que Jesús dejó su hermoso hogar y vino a la humanidad.

Vemos la bondad de Dios en lo que hizo por la gente, el hecho *que hiciera lo que hizo*. Anduvo haciendo el bien. Jesús fue amable. Lo vemos en el hecho de que *se quedó hasta el final*. Él podría haber vuelto al cielo desde el monte de la Transfiguración, pero no lo hizo. Volvió a descender al valle y, habiendo amado a los suyos, los amó hasta el fin. Eso fue amable. Lo vemos *en la muerte que murió*, la mayor amabilidad que ha sido hecho jamás a seres humanos. He aquí, entonces, la primera gran verdad: la absoluta amabilidad de Dios. Pero ¿qué hay detrás de la amabilidad? ¿Qué hay detrás de los actos amables de Dios en Jesucristo? La respuesta es su amor.

Esta es una palabra muy degradada. Se usa para algunas cosas que deberían ser arrojadas al cesto junto con algunos de los actos más elevados de los que somos capaces: amor. ¿Qué significa? Para una mirada más profunda, vea mis breves libritos *Is John 3:16 the Gospel?*[11] y *The God and the Gospel of Righteousness*.[12] En ellos explico los diversos significados de las palabras usadas acerca del amor de Dios, que surgen de diferentes significados de varias palabras griegas, que se traducen todas en las traducciones inglesas-españolas con una única palabra: "amor".

Cuando decimos "Dios es amor", nuestro significado debe ser escritural y no sentimental, no acerca de sentimientos. Es, en esencia, algo de la *voluntad*. Por lo tanto, es algo que puede ser ordenado. Uno no puede encender sus sentimientos, pero puede decir, en el sentido bíblico, "Amarás a tu prójimo", y puede decir en un sentido bíblico "Amarás al Señor tu Dios". No es una emoción, porque usted no puede controlar sus emociones. Es algo mucho más profundo.

Cuando preguntamos qué tipo de amor ha mostrado Dios, según la Biblia, encontramos cuatro tipos de amor: su amor por su Hijo único, su amor por los judíos, su amor por el mundo y su amor por mí. Cuando uno entiende estas cosas, entiende la asombrosa declaración: "Dios es amor". Nos ayuda ver que Dios es tres personas. Solo si usted cree en la Trinidad puede decir: "Dios es amor". Solo si cree que aun antes que creara el universo Dios ya era tres personas en una relación amorosa puede decir que él es amor. Es muy conmovedor ver el amor de un padre y un hijo, ¿no es cierto? Pero uno no ha visto un verdadero amor hasta que haya visto al Padre celestial y al Hijo celestial. Jesús siempre estaba hablando de esto. Cuando Jesús fue bautizado, Dios el Padre afirmó su amor por Jesús, su Hijo. Más adelante, Jesús dijo: "El Padre ama al Hijo y le muestra lo que hace". Y más adelante, Jesús dijo, en la noche antes de ser entregado: "Como el Padre me ama, yo los amo".

El segundo amor en la Biblia es el amor de Dios de los judíos. Yo soy un gentil, pero quiero expresarlo con el mayor tacto y, a la vez, de la manera más realista que puedo: no hay muchas personas que aman a los judíos. De hecho, probablemente hayan sido el pueblo más despreciado en la faz de la tierra, pero Dios los ama. ¿Por qué Dios amó a los judíos? Escuche la respuesta en la Biblia: "Porque para el Señor tu Dios tú eres un pueblo santo; él te eligió para que fueras su posesión exclusiva entre todos los pueblos de la tierra. El Señor se encariñó contigo y te eligió, aunque no eras el pueblo más numeroso, sino el más insignificante de todos".

Entonces, ¿por qué fue? "El Señor se encariñó contigo y

te eligió, aunque no eras el pueblo más numeroso".

Esto le puede parecer un argumento extraño. ¿Por qué ama Dios a los judíos? La respuesta no es por algo en los judíos, sino *porque Dios los ama*. ¿Por qué Dios lo ama a usted hoy? ¿Es porque es hermoso o fácil de amar? Podemos intentar encontrar el motivo del amor de Dios, pero no podemos. ¿Por qué Dios ama a alguien como yo? ¡No lo puedo entender! Quedo asombrado ante el amor que Jesús me ofrece. Solo puedo explicarlo por el hecho de que él ama. ¿Qué tienen los judíos que los demás no tenían? ¡Nada! Pero Dios los amó porque los amó.

Lo cual me lleva al tercer tipo de amor revelado en la Biblia, el amor de Dios por todo el mundo. ¿Qué hay en esta raza humana egoísta y pecaminosa que Dios encuentra digno de amar? De nuevo, ¡nada! Pero podemos decir que Dios amó al mundo, porque vemos lo que hizo por nosotros: *una vez, en el sacrificio de Jesús en la cruz.*

¿Cómo puede él fijar su atención en mí? La Biblia habla también acerca del amor de Dios por el individuo, y llega al punto mismo en que uno puede hablar *del Hijo de Dios que me amó y se entregó por mí.*

El Domingo de Conmemoración se cita el siguiente texto: "Nadie tiene amor más grande que el dar la vida por sus amigos". No quiero desmerecer o incomodar a nadie, pero no todos los que fueron muertos en la guerra *dieron* su vida. Todos estaban dispuestos a hacerlo, pero todos hicieron grandes esfuerzos para salvarla. Hubo algunos pocos que entregaron su vida deliberadamente. He escuchado algunas historias de personas que escogieron intencionadamente hacerlo. No fueron todos los que murieron, si bien todos conocían el riesgo que corrían. Pero la mayoría esperaba poder volver a casa.

El capitán Oates fue un hombre que entregó la vida por sus amigos, cuando salió caminando de una carpa cubierta de nieve en la Antártida. Entregó su vida por sus amigos porque sabía que su condición física estaba reteniendo a los demás. Pero esto es lo más lejos que puede ir un hombre en su amor. He aquí el contraste. Y nunca citemos ese texto como para sugerir que el amor del hombre es suficiente para llevar al hombre al cielo. No es lo suficientemente grande. El amor que llevará a un hombre al cielo es este: "Dios demuestra su amor por nosotros en esto: en que cuando todavía éramos pecadores, enemigos, rebeldes, Cristo murió por nosotros".

Un hombre puede entregar su vida por un amigo, pero solo Dios pudo entregar su vida por un enemigo. Un hombre puede entregar su vida por alguien que ama, pero solo Dios pudo entregar su vida por alguien que lo odiaba, y este es el amor de Dios. Así como un volcán que erupciona revela el fuego que arde en el corazón de la tierra, la cruz revela el fuego que arde en el corazón de Dios todo el tiempo.

Ahora pasamos a la *misericordia* de Dios. Esta es la palabra más fácil de definir, y podemos hacerlo de manera cómica. Un hombre fue a que le hicieron un retrato, y dijo al artista: "¿Me hará justicia esto?". El artista contestó: "Usted no necesita justicia, ¡sino misericordia!". Lo importante es esto: *justicia es lo que merezco; misericordia es lo que no merezco*.

La idea de la parábola del Buen Samaritano no es que el samaritano hizo una buena acción por alguien, sino que le mostró misericordia, y eso es algo muy diferente. ¿Por qué fue un samaritano? Porque los judíos y los samaritanos no se hablaban El judío estaba bajando por el camino que iba de Jerusalén a Jericó. ¿Por qué? ¡Para evitar encontrarse con los samaritanos! Estaba viajando del sur al norte de Israel, y el camino normal pasaba por territorio samaritano. Estaba haciendo casi cien kilómetros de más, bajando a Jericó, pasando por el otro lado del Jordán y de vuelta a Galilea. Si se encontraba con un samaritano no le hablaría, sino escupiría. *Sin embargo, el samaritano que iba por ese camino vio a un hombre que sabía que no le agradecería, y le mostró misericordia.*

En el tiempo del apartheid en Sudáfrica, leí acerca de un hombre blanco que quedó atrapado en el fondo de una mina de oro. El techo se había desmoronado. Nadie pudo entrar hasta que un africano negro dijo: "Yo entraré", y entró, arriesgando su vida. Pensaron que nunca saldría, pero salió arrastrando a ese hombre. El hombre estaba completamente inconsciente y perdido, así que lo llevaron de urgencia al hospital y lo salvaron. Cuando recuperó el conocimiento, le dijeron: "¿Le gustaría conocer al hombre que lo salvó?". Dijo: "Sí, quiero darle las gracias". Así que llamaron al hombre que lo había rescatado. Cuando entró en la habitación, el hombre blanco volvió la cara hacia la pared y no quería hablar.

Usted podrá pensar que es extremo, pero todos somos capaces de esta clase de cosas. Si ese hombre quedara atrapado nuevamente en la mina, y el africano dijera: "Iré a buscarlo por segunda vez", estaría demostrando misericordia. La primera vez fue una buena acción; la segunda vez sería misericordia, porque no habría sido merecido. Por eso Jesús dijo que fue un samaritano que ayudó al judío. Los judíos no tienen ningún trato con los samaritanos, pero él lo ayudó. Le mostró misericordia.

Hemos llegado ahora a un punto en nuestro pensamiento, especialmente en Gran Bretaña, en el cual la palabra "misericordia" está desapareciendo por completo de nuestra conversación, y en su lugar ha aparecido la palabra "derecho". *La Biblia dice que debemos hablar de misericordias. Todo lo que obtenemos es una misericordia, no un derecho. Aun mi vida misma no es un derecho, sino una misericordia. No tengo derecho a vivir si tomo en cuenta los mandamientos de Dios que he roto.*

"Es por las misericordias de Dios que no somos consumidos", dice Lamentaciones, justo antes de la frase: "Grande es tu fidelidad. Tus misericordias son nuevas cada mañana".

La salud de usted es una misericordia, no un derecho. Estas son misericordias, no derechos, y no solo nuestras bendiciones físicas y materiales, sino las bendiciones espirituales que disfrutamos son misericordias de Dios. Si usted conoce la amabilidad de Dios, si conoce el amor de Dios, no es porque sea un derecho; es una misericordia.

En medio del tabernáculo donde adoraban a Dios en el Antiguo Testamento, había una pieza del mobiliario que se llamaba propiciatorio o "asiento de la misericordia", para recordar a todos que se acercaban a adorar que no merecían nada. Cuando llegamos a los profetas, encontramos esta clase de frase: "¿Quién es un Dios como tú, que perdona la iniquidad? Echas todos nuestros pecados al fondo del mar". A lo largo del río Thames solían ir barcazas llamadas recipientes de lodo que llevaban nuestros residuos, nuestra suciedad, al mar, depositándolos en las profundidades para que no nos envenenen. La misericordia de Dios toma el lodo de nuestras almas y lo lleva al océano, y lo deja caer en las profundidades del mar. Eso es misericordia.

"El Señor es clemente y misericordioso, lento para la ira y grande en amor", dice el Salmo. "No nos trata conforme a nuestros pecados ni nos paga según nuestras maldades. Tan grande es su amor por los que le temen como alto es el cielo sobre la tierra. Tan lejos de nosotros echó nuestras transgresiones como lejos del oriente está el occidente".

En el Nuevo Testamento Dios es llamado el Padre de misericordias. Es descrito como rico en misericordia, como misericordioso: "Acerquémonos entonces confiadamente al trono de gracia…" ¿Para qué? Para encontrar misericordia.

Las únicas personas que Dios puede bendecir en la iglesia

son las que vienen y dicen: "Dios, ten misericordia para conmigo, un pecador". He enseñado en este capítulo acerca de la amabilidad, el amor y la misericordia de Dios, pero éste es el orden correcto: misericordia, amor y amabilidad. Solo cuando uno comienza por la misericordia de Dios y dice: "Dios, ten misericordia de mí", descubrirá que él lo ama. Solo cuando ha llegado a su amor encontrará que está siendo amable con usted cada día.

Finalizo con una historia y confieso, francamente, que es una historia emotiva y romántica, pero transmite la idea y tiene la virtud de ser verídica. Una niña en la región de Midlands vivía con sus padres y estaba jugando en el jardín, al fondo del cual se encontraba el principal ferrocarril que iba a Londres. Acostumbraba a treparse al manzano al fondo del jardín para ver los trenes que iban a Londres. Llegó un día que creció y fue una adolescente, y dijo a sus padres: "Estoy cansada de ustedes, solo me presionan con lo que puedo hacer y lo que no debo hacer. Estoy harta de vivir aquí. Voy a ser libre, voy a dejarlos. Me iré a Londres para vivir ahí", y se fue.

Fue de mal en peor. Arruinó su vida física, mental y espiritualmente, a pesar de haber sido criada en un hogar piadoso. Finalmente se encontró en la orilla del rio Thames una noche, y se propuso poner fin a todo. No tenía nada por lo cual vivir, con menos de treinta años de edad. Decidió hacer una última cosa antes de quitarse la vida. Les escribiría a sus padres y les contaría toda la sórdida historia, y les diría: "Llegaré en el tren a la ciudad y pasaré por el jardín. Si quieren que vuelva", dijo, "¿podrían colgar algo blanco en el manzano?". Así que partió. Cuando se estaba acercando a la casa, no sabía si mirar o no. Entonces lo hizo, y todo el árbol estaba cubierto de sábanas, fundas de almohadas, todo. Así ama Dios.

5

NOMBRE, UN DIOS[13]

En Éxodo capítulo 3 el nombre de Dios aparece por primera vez en la Biblia.

Pero Moisés insistió: "Supongamos que me presento ante los israelitas y les digo: 'El Dios de sus antepasados me ha enviado a ustedes'. ¿Qué les respondo si me preguntan:
  '¿Y cómo se llama?'".
"Yo soy el que soy", respondió Dios a Moisés. "Y esto es lo que tienes que decirles a los israelitas: 'Yo soy me ha enviado a ustedes'". Además, Dios le dijo a Moisés: "Diles esto a los israelitas: 'El Señor, el Dios de sus antepasados, el Dios de Abraham, de Isaac y de Jacob, me ha enviado a ustedes. Este es mi nombre eterno; este es mi nombre por todas las generaciones'".

¿Qué importancia tiene un nombre? Bueno, bastante, si uno compra uno de esos libros donde puede ver lo que significa su nombre. Recuerdo cuando mi esposa compró uno de estos libros cuando estaba por nacer nuestro primer hijo, y lo hicimos todo muy científicamente. Fuimos a habitaciones separadas con el libro, uno después del otro, e hicimos una breve lista de los nombres que nos gustaban. Luego nos reunimos y vimos qué nombres estaban en ambas listas, lo cual dejaba unos diecisiete nombres. Luego nos volvimos a separar y redujimos la lista. Fue todo un proceso.

Un nombre, ¿es algo más que un rótulo? Por supuesto, es

un rótulo útil para distinguirlo de otras personas. Si alguna vez se cruza con un policía mientras está cumpliendo su deber, que espero que no ocurra, una de las primeras cosas que dirá mientras saca su anotador será: "Su nombre, por favor". Ese es su rótulo. Le permitirá ponerse en contacto con usted nuevamente, aunque usted no lo desee, pero es eso lo que significa el nombre. El nombre de Dios significa que puedo ponerme en contacto con Dios nuevamente, pero ¿es solo un rótulo? ¿Es solo una forma de dirigirme a él?

El significado de un nombre dependerá mucho de quién lo da y por qué. Los nombres que llevamos todos nosotros son nombres que nos dieron nuestros padres. El nombre nos dice mucho más de nuestros padres que de nosotros. En un sentido, es un poco injusto. Todos llegamos al punto en que queremos tener nuestro propio nombre. Creo que la mayoría de los adolescentes pasan por una etapa, entre los catorce y los dieciocho años aproximadamente, en que deciden ser conocidos por otro nombre, o que les gustaría usar su segundo nombre en vez del primero. Si usted ha sido padre o madre, le habrá pasado. Están diciendo: "Quiero ser yo. No quiero ser lo que ustedes quieren que sea. Quiero ser lo que yo quiero ser". Así que dicen: "Tendré mi nombre, y no el que ustedes me dieron".

Por supuesto, muchos de los nombres que usamos son expresiones de esperanza para la persona. Llamamos a una niñita Alegría, ¡y es algo desalentador si resulta ser una persona malhumorada y taciturna toda su vida! Pero, como verán, queremos nuestro propio nombre porque queremos que el nombre exprese lo que somos. Los apodos se aproximan un poco más a ese significado, porque los apodos son nombres dados por sus contemporáneos, no nuestros padres. ¡Estoy seguro que usted estuvo en la escuela con "Cuatrojos" y todos los demás!

El nombre de Dios no le fue dado por ningún otro excepto

él mismo. Está diciendo: "Cuando escuches este nombre, quiero que pienses en mí y en nadie más. Cada vez que escuches este nombre, quiero que entiendas cómo soy". Así que se dio un nombre, y nos ha dicho que lo *santifiquemos*, como recordamos del Padrenuestro. Parte de santificar el nombre es que no se lo demos a nadie más. Si queremos mantener el nombre de Dios santo, como debe ser mantenido santo, nunca debemos aplicarlo a otra persona. "Santificado sea tu nombre". Lo mantendremos solo para ti, Señor.

Lo primero que hay que decir es esto: "Dios" no es el nombre de Dios. La palabra que se traduce como "Dios" en el Antiguo Testamento viene de la palabra hebrea "El", que significa simplemente un poder sobrenatural. Nosotros usamos el nombre "Dios" casi como un nombre para Dios porque durante siglos en este país se nos ha enseñado que hay un solo Dios. Aun los nombres de los días de la semana deben recordarnos que hubo un tiempo en Inglaterra en el cual, si uno preguntaba: "¿Crees en Dios?", la respuesta habría sido: "¿Te refieres a si creo en el dios 'Sol', que se adora el domingo,[14] o el dios "Luna", que se adora el lunes.[15] o el dios "Woden", que se adora el miércoles,[16] o el dios "Thor", que se adora el jueves,[17] o el dios "Saturno", que se adora el sábado?",[18] y usted se habría dado cuenta de que no tendría que haber usado la palabra "dios".

De hecho, la palabra "dios" es una mera descripción. No es el nombre, así que no importa realmente si una persona cree en "dios" o no; depende en *qué* dios cree. Si usted fuera a un hindú y le dijera: "¿Cree en Dios?", le diría, con toda razón: "¿En cuál?". Entonces tendría que nombrar el dios en el que estaba pensando cuando hizo la pregunta. Esta era la situación en los tiempos de la Biblia. Moisés, criado en la corte del faraón, sabía perfectamente que en Egipto creían en muchos dioses. Así que, cuando fue enviado a Egipto, y Dios le dijo: "Diles que los sacaré de ahí", Moisés dijo:

"¿Quién diré que llamó? Ni siquiera sé tu nombre, y no sé qué decir". Dios dijo: "Te diré mi nombre".

El significado básico de la palabra "dios" es *poder*. A veces, en el idioma hebreo, era extendido a una palabra más larga, como *El Shaddai,* que significa "Dios Todopoderoso", que simplemente subraya su poder, pero es todo lo que significa. Creer en Dios no es más que creer en un poder superior a nosotros detrás del universo. No dice demasiado acerca de Dios. No alcanza.

Lo extraordinario es que, en la Biblia, la palabra "dios" aparece con mucha mayor frecuencia como una palabra plural que singular, aun cuando sea aplicada a nuestro Dios. En una proporción de ocho a uno, dice "Dioses" en vez de "Dios". Podríamos traducir: "En el principio Dioses crearon la tierra, y Dioses dijeron: 'haya luz', y Dioses dijeron: 'Sea…'". Y: "Dioses dijeron: 'Hagamos al hombre a nuestra imagen'". Aquí hay un misterio.

De modo que, en cierto sentido, tenemos que decir a las personas: "¿Cree en Dioses?", si quereos ser realmente bíblicos. Porque sabemos que Dios es más de una persona, es tres personas en un Dios. Si no lo fuera, el amor no sería posible, y el amor no sería real. Ya hemos visto que, antes que hubiera un universo, antes que hubiera seres humanos para amar, Dios fue (y es) amor, porque era más que una persona. Si yo no creyera en la Trinidad, no podría creer en el amor tampoco, porque diría que no hay ninguna realidad en el amor. Es solo hormonas y glándulas. Pero yo puedo creer en el amor porque Dios fue y es más de uno y, sin embargo, fue y es uno.

Lo segundo es que no conocemos su nombre hoy. Esto podría parecer sorprendente cuando puedo decir también que su nombre es usado 6.700 veces en la Biblia. Pero ni usted ni yo lo conocemos. Ahí tiene un enigma. Permítame explicarlo. El nombre fue dado a Moisés en la zarza que ardía. Dios dijo: "Moisés, te diré mi nombre y, cuando te pregunten, diles esto". Luego dijo algo, y ninguno de nosotros sabe en realidad qué es. Cuando aparece escrito en el Antiguo Testamento son cuatro letras: JHWH. Es todo lo que tenemos. No sabemos cómo deletrearlo, no sabemos cómo pronunciarlo, y no estamos completamente seguros de su significado. Digo que no sabemos cómo deletrearlos, aunque le acabo de dar las cuatro letras. Pero se dará cuenta de que es una palabra imposible de pronunciar.

La dificultad con J-H-W-H es que faltan las letras en medio, como ocurre en la escritura hebrea habitual. Quienes lo leían entonces sabían perfectamente lo que iba en medio. Hay quienes han dicho: "Bueno, está bien, pongamos nuestras propias letras", así que pusieron una "e", una "o", y una "a", en ese orden, y obtuvieron "Jehová", pero en realidad no sabemos cómo deletrearlo.

Además, no sabemos cómo pronunciarlo, porque la "j" sin duda no se pronuncia en hebreo como "j", sino como una "y", y lo más que se aproximan los eruditos es "Yavé". Así que, ¿es ése su nombre? ¿Ve cuál es el problema? Ahora, sin duda la respuesta al problema es buscar al judío que esté más cerca y decirle: "¿Quisieras decirnos cómo pronunciar esta palabra?". Pero la tragedia es que por siglos los judíos nunca lo pronunciaron, y aun hoy no pueden decirle cómo se dice.

Entonces, ¿cómo podemos exaltar su nombre juntos cuando ni siquiera sabemos cómo pronunciarlo? ¿Cómo podemos decir "santificado sea tu nombre" cuando ni sabemos cuál es? De hecho, es un nombre que casi nunca usamos en la adoración. Pero hay una maravillosa respuesta escritural a este problema, que espero hará que las cosas sean claras como el día. Le dirá cómo santificar su nombre, y cómo exaltar su nombre juntos.

¿Por qué dejaron de pronunciar este nombre los judíos? Un temor se convirtió en una fobia. ¿A qué me refiero?

Bueno, mis hijitos tenían temor del tráfico. Les enseñé deliberadamente ese temor. ¡Espero que siempre tengan ese temor y que tengan mucho cuidado al cruzar el tipo de calle importante como el que estaba frente a nuestra casa, donde pasaban decenas de miles de coches por día! Espero que siempre teman el tráfico, pero si desarrollaran una fobia nunca cruzarían la calle. ¿Ve la diferencia? Hay muchos cristianos que tienen tanto temor de volverse mundanos que han decidido no tener parte en el mundo. Un temor se ha convertido en una fobia. Los judíos, cuando leyeron el tercer mandamiento vieron esto: "No tomarás el nombre del Señor tu Dios en vano". Nunca debes usarlo de la manera incorrecta. "El Señor no declarará inocente al que tome su nombre en vano". Pensaron que la manera más segura era nunca mencionarlo. Un temor saludable de usar el nombre de manera incorrecta se convirtió en una fobia. Para el tiempo de nuestro Señor, casi nunca usaban el nombre de Dios. Todavía sabían cómo pronunciarlo, pero casi no se atrevían a usarlo. Si alguien lo usaba, esperaban que un relámpago del cielo lo matara. Así que se extinguió. Ni siquiera los judíos pueden pronunciarlo.

Pero ¿podemos entender qué significa esta palabra de cuatro letras, "J-H-W-H"? Sí, creo que podemos. Viene del verbo *hayah*, que significa *ser*, así que hay tres alternativas en la versión inglesa RSV de la Biblia: "Yo Soy El Que Soy", "Yo Soy Lo Que Soy" y "Yo Seré Lo Que Seré". Podríamos elegir cualquiera de estos, pero el mensaje es claro. Significa "Yo Soy".

¡Qué nombre peculiar! ¿Qué le dice a usted? Creo que Dios se dio ese nombre por dos razones. Una era por lo que dice, y una por lo que no dice. Y lo escogió con mucho cuidado. ¿Qué dice? Me dice primero que Dios es único. Uno nunca puede darle un nombre que comparta con algo o con alguien. "Yo Soy Lo Que Soy", dice. "No puedes darme un nombre, no puedes describirme. Yo soy yo. No soy como tú. Soy único".

Me dice, en segundo lugar, que Dios es *suficiente*. "No puedes agregarme nada, no puedes quitarme nada. Soy autosuficiente".

También me dice que Dios es *inmutable*. Yo soy una cosa el domingo y otra cosa el lunes a la mañana, como lo sabe mi esposa. Y usted es igual. Yo no puedo decir "Yo Soy" de mí, porque no siempre soy igual. Tengo mis estados de ánimo, igual que usted. Pero Dios dice: "Yo Soy". Esto me dice que voy a encontrarme con el mismo Dios el lunes a la mañana que el que encontré el domingo a la noche. Él es inmutable. Por cierto, en un momento el profeta Miqueas dice, en nombre de Dios: "Yo, JHWH, no cambio". "Yo Soy Lo Que Soy. Tú puedes cambiar, pero yo no". Me dice que Dios es santo.

También me dice que Dios es *eterno*, que *siempre es*. Que no necesitó ser hecho o comenzar. "Yo Soy".

Esto es lo que dice el nombre. Pero también creo que Dios escogió este nombre para sí por lo que no decía. Era precisamente porque podía llenar este nombre con significado. Lo interesante es que el Dios del Antiguo Testamento siempre está agregando una frase a su nombre. Dice: "No soy solo JHWH, Yo Soy Lo Que Soy, Yo Soy JHWH Jireh", que significa: "Yo soy tu proveedor". Dijo a Abraham, cuando Abraham casi mata a Isaac: "Yo soy JHWH Rapha", que significa: "Yo soy tu sanador". "Yo Soy Lo Que Soy Sanador". Dijo: "JHWH Nissi", que significa: "Yo soy tu bandera cuando peleas una batalla. No necesitas una bandera, solo me necesitas a mí: "Yo Soy Lo Que Soy Bandera". Dijo: "JHWH Shalom", que significa: "Yo soy tu paz". "Yo Soy Lo Que Soy, soy tu paz". Dijo: "JHWH Ra'ah", que significa uno de los más hermosos: "Yo soy tu Pastor". Dijo: "JHWH Tsidkenu", que significa: "Yo soy tu rectitud. Si quieres ser bueno, me necesitas". Dijo: "JHWH Shamma", que significa: "Yo soy tu presencia eterna". "Yo Soy Lo Que Soy, y siempre estaré contigo".

¿Ve cómo completaba el nombre? Siempre decía "Yo Soy Lo Que Soy", y luego agregaba algo que completaba el significado y le decía lo que era. Todos estos nombres dobles nos llegan a través de las páginas de la Biblia. Este es el nombre y esta es la razón por la que, cuando los judíos iban al templo para adorar a Dios decían: "Oh, JHWH, soberano nuestro. ¡Qué imponente es tu nombre en toda la tierra" (Salmos 8).

Entonces, ¿por qué no usamos este nombre? ¿Por qué no lo usamos con mucha mayor frecuencia? ¿Por qué decimos "Dios" tan a menudo y decimos esta palabra tan poco, por lo menos si sabemos aproximadamente cómo pronunciarla y aproximadamente lo que significa?

A veces llaman a la puerta los Testigos de Jehová. Ellos creen que no solo es una tragedia sino que es el mayor error de la iglesia cristiana, el hecho que ya no usemos el nombre de Dios. Esta es la principal cosa que han venido a decirle. Citan un texto de Isaías 43:10: "'Ustedes son mis testigos', dice Jehová". Por supuesto, sabemos perfectamente que, sea cual fuere el nombre de Dios, no era "Jehová". Pero aun así, tienen razón en decirnos que hemos cometido un error fundamental y que son los únicos testigos verdaderos en el mundo que testifican del *verdadero* nombre de Dios. O ellos tienen razón y nosotros estamos equivocados, o hay alguna otra explicación. Quiero decir, muy humildemente, sin sugerir que los estoy juzgando por esto, que creo que son ellos quienes han cometido el error. Ellos dirían que es mayormente una cuestión de traducción, que nosotros tenemos la Biblia equivocada. Van a querer presentarles la traducción de ellos, donde han puesto "Jehová" en vez de nuestra palabra "Señor". En ese sentido, tal vez estén más cerca del original, aunque no han llegado a la verdad completa. La Biblia de Jerusalén es una excelente traducción católico romana. Ellos han puesto "Yahvéh" en vez de "Señor". Cada vez que en el Antiguo Testamento encuentre la palabra "SEÑOR" con mayúsculas, es donde estaba el nombre de Dios, y si pudieran deletrearlo estaría allí. Así que han vuelto a "JHWH". Noto que en la traducción (inglesa) de Moffatt se usa "El Eterno", para tratar de transmitir este sentido de *ser*. Aun cuando todas nuestras Biblias pusieran "Jehová" o "Yahvéh" o "El Eterno", igual no creo que deberíamos usar ese nombre. ¿Por qué? Porque Dios tiene un nombre diferente. Porque cuando exaltamos su nombre, no usamos ese nombre en absoluto. No es así como pensamos en el nombre. Cuando decimos: "Santificado sea tu nombre" nunca pensamos en esto. Sí, podríamos cantar "Guíame, oh gran Jehová", pero esto es porque estamos viendo la vida cristiana en términos del Antiguo Testamento, así que usamos el nombre que tenían mientras iban por el desierto. Pero no estamos atándonos al nombre. Podríamos cantar: "Al Dios de Abraham load", pero de nuevo solo estamos volviendo al nombre de los hebreos. No sentimos que estamos atados a ese nombre.

Entonces, ¿cuál es el nombre de Dios? Hay dos cosas que lo explicarán. La primera es que *Jesús llamó a Dios "Padre"*. Y dijo: ***"Cuando oren, digan 'Padre'"***. No dijo: "Cuando oren, digan 'Jehová'". Ese es el primer gran cambio que uno nota cuando entra al Nuevo Testamento. El nuevo nombre o el nuevo título que se usa en la oración es "Padre". Jesús lo usó y dijo a sus seguidores que lo usaran. No había sido criado para usarlo. Fue algo nuevo que Jesús introdujo.

Los judíos jamás se hubieran atrevido a llamar a Dios "Papá". Ni siquiera se atrevían a pronunciar su nombre, mucho menos tener una intimidad así con el Todopoderoso. La oración exclusiva cristiana comienza: "Padre nuestro que estás en el cielo. Santificado sea tu nombre". La primera cosa que significa el nombre de Dios para nosotros es Padre.

Hay una razón más profunda aún por la que no usamos "Jehová". No solo Jesús llamó a Dios "Padre", sino —y esto es lo que intento decir a cada Testigo de Jehová que viene a verme— que Jesús se llamó a sí mismo Jehová. Esta es la cosa más extraordinaria del Nuevo Testamento para mí. Ahora bien, ¿dónde encuentro esto, porque la palabra Jehová no aparece en el Nuevo Testamento. Dije al último Testigo de Jehová que me visitó: "Vuelva a verme cuando pueda señalar la palabra 'Jehová' en el Nuevo Testamento, porque es ahí donde me muevo: en el Nuevo Testamento, como cumplimiento del Antiguo Testamento".

Volvió antes de encontrarlo. Le dije: "Vuelva cuando lo haya encontrado". ¿Por qué me atrevo a decir que Jesús se llamó a sí mismo Jehová? Siete veces Jesús dijo: "Yo Soy", y agregó una descripción. "Yo soy la Luz del Mundo", "Yo Soy la Puerta", "Yo soy el Pan del Cielo", "Yo soy el Buen Pastor", "Yo soy la Resurrección y la Vida", "Yo soy el Camino, la Verdad y la Vida", "Yo soy la Vid Verdadera". Tal vez no lo notó, pero cada vez que lo decía en presencia de los judíos, intentaron matarlo inmediatamente.

¿Por qué intentaron matar a Jesús cada vez que dijo esas palabras? La respuesta aparece en inglés-español, pero aún más en griego. Usó una expresión particular que no es simplemente "Yo Soy", sino que se traduce mejor "Yo, Yo Soy". Si está interesado en el griego, *ego, eimi*. Eimi significa "Yo soy" y *ego* significa "Yo", y él dijo: "Yo, Yo Soy". Luego hizo precisamente lo que JHWH hizo en el Antiguo Testamento: les dijo lo que significaba. "Yo, Yo Soy. ¿Qué soy?". "Soy el Pan del Cielo". Y entendieron lo que quería decir. No hay duda de que los judíos se dieron cuenta de que estaba diciendo "JHWH, Yo Soy", completando luego la palabra, como había hecho su Padre en el Antiguo

Testamento. Fue por esto que crucificaron a Jesús, y no por ninguna otra razón. Fue por esta razón que los judíos dijeron: "Debe ser muerto". Fue por esta razón, independientemente de los cargos políticos que lograron producir en el juicio.

Hubo tres ocasiones en las que Jesús usó la frase "Yo Soy" sin decir nada después, y quedó perfectamente claro lo que quería decir.

Un día, Jesús dijo: "Estaba hablando con Abraham el otro día". Le dijeron: "Aun no tienes cincuenta años. ¿Cómo conoces a Abraham?". Jesús dijo: "De cierto, de cierto..." Y en su idioma esto es "Amén, amén" [verdaderamente, verdaderamente] les digo. Antes que Abraham fuera, Yo, Yo Soy". ¿Sabe lo que dice el versículo que sigue? "Tomaron piedras para arrojárselas". Entendieron el mensaje. "Yo soy JHWH. Siempre he sido. Soy el Eterno. Yo Soy Lo Que Soy. Es así como conocí a Abraham".

La segunda ocasión fue en el huerto de Getsemaní. Jesús estaba ahí orando, y vinieron soldados del templo para arrestarlo. Note que eran soldados del templo, soldados judíos, no romanos. Vinieron para arrestarlo, y él les dijo: "¿A quién están buscando?". Dijeron: "Jesús de Nazaret". Y él contestó: "Yo, Yo Soy", y ellos cayeron literalmente hacia atrás, al suelo. Es lo que dice. Ahora bien, ¿por qué? ¿Por qué habrían de caerse al suelo? La respuesta es que esperaban que él cayera muerto por decirlo: ¡una gran blasfemia! Finalmente lo llevaron encadenado cuando vieron que no le ocurrió nada y por supuesto, nada ocurriría, ¡porque era cierto!

Lo llevaron a su juicio ante Anás y Caifás, y no lograron que los testigos se pusieran de acuerdo. No podían obtener la evidencia, así que el juez, de manera bastante ilegal, hizo al prisionero una pregunta capciosa. "Dinos, te conjuro por el Dios vivo", que significa que debía contestar, "¿eres tú el Hijo de Dios?". Jesús dijo: "Yo, Yo Soy". El sumo sacerdote se rasgó las vestiduras y dijo: "Ustedes lo escucharon. No necesitamos testigos. Aquí hay un hombre que se ha condenado a sí mismo por blasfemia. Se llama a sí mismo Jehová". De esto se trató el juicio, y luego era solo cuestión de encontrar un cargo que aceptara Pilato. Así que la verdadera razón por la que Jesús fue crucificado fue que se llamó a sí mismo Jehová. Ojalá los Testigos de Jehová entendieran este punto sencillo. Espero que usted lo entienda, porque significa que ahora el nombre es *Jesús*. Significa que ahora, cuando salimos a testificar, no usamos las palabras de Isaías: "'Ustedes serán mis testigos', dice Jehová". Usamos las palabras de Hechos 1:8: "Ustedes recibirán poder", dijo Jesús, "y me serán testigos". Fueron por todas partes. No predicaron a Jehová, sino predicaron a Jesús. Pero, al predicar a Jesús, estaban predicando a Jehová. Jesús es el nombre en el cual bautizaban a las personas, y una de las cosas interesantes que se considera que es una discrepancia en el Nuevo Testamento no lo es. Jesús dijo: "Vayan y bauticen a las personas en el nombre" [singular], "el nombre del Padre, Hijo y Espíritu". ¿Qué nombre usaron cuando cumplieron este mandamiento? Encontrará que, en cada caso del Nuevo Testamento, solo bautizaron en el nombre de Jesús. ¿Por qué? Porque el nombre del Padre era Jesús. El Padre es el Padre de Jesús. El nombre del Hijo: Jesús. El nombre del Espíritu: el Espíritu de Jesús. Hay un nombre que cubre todo ahora.

Este es el nuevo nombre. Fue en su nombre que sanaron a las personas. Había un hombre que había sido cojo durante cuarenta años, y Pedro dijo: "Si quieres saber el poder mediante el cual sanamos a este hombre, sea conocido. No fue por nuestro poder, sino por el poder del nombre de Jesús de Nazaret". Usted santifica el nombre de Dios cuando santifica el nombre de Jesús. Usted es testigo de Jehová cuando habla al mundo acerca de Jesucristo. Dios ahora tiene un nombre cristiano, y nosotros hemos recibido el privilegio de llamarlo por ese nombre.

6

PAZ, QUIETUD

En los capítulos 1 y 2 de Isaías, el profeta estaba hablando a una nación que había ganado una guerra y había perdido la paz, una nación que había permitido la entrada de la injusticia y la falta de rectitud. Por lo tanto, estaban invitando la guerra nuevamente. Luego de profetizar a la nación, hay una predicción para el futuro:

> En los últimos días, el monte de la casa del Señor será establecido como el más alto de los montes; se alzará por encima de las colinas, y hacia él confluirán todas las naciones. Muchos pueblos vendrán y dirán: "¡Vengan, subamos al monte del Señor, a la casa del Dios de Jacob!, para que nos enseñe sus caminos y andemos por sus sendas". Porque de Sión saldrá la ley, de Jerusalén, la palabra del Señor. Él juzgará entre las naciones y será árbitro de muchos pueblos. Convertirán sus espadas en arados y sus lanzas en hoces. No levantará espada nación contra nación, y nunca más se adiestrarán para la guerra.

Esto le dice cómo guardar la paz. Le dice que uno no puede tener paz sin justicia y rectitud, y que mientras haya maldad en el mundo debemos hacer nuestras espadas. Pero cuando él vuelva, entonces las convertiremos en arados. Quiero tomar las tres letras siguientes del alfabeto, **O**, **P** y **Q**. Comenzaré por la letra del medio, porque es el pico de estas tres letras: *paz*. La paz de Dios, el Dios de paz. Estas son frases de la Biblia. Hay dos textos que vienen a la mente, uno del libro de Isaías: "Tú guardas en paz perfecta al que tiene su mente puesta en ti", y uno de la segunda carta a los Tesalonicenses: "Ahora el Señor de paz les dará paz siempre".

Nos volvemos muy cínicos con la palabra "paz". Cuando miramos el mundo en el que vivimos, no podemos decir que obtuvimos paz como resultado de las dos guerras mundiales. Ahora, quiere preguntar qué significa cuando tanto el Antiguo como el Nuevo Testamento llaman a Dios "el Dios de paz". ¿Debemos ser uno de los cínicos que dicen: "¿Un Dios de paz? En dos mil años desde que Jesús vino a la tierra, no hemos tenido más que guerras. No creemos que haya un Dios de paz, porque si no ¿por qué tiene que haber un mundo de tantas luchas, guerra y derramamiento de sangre?"?

¿Qué significa la palabra? Quiero tomar los tres idiomas que estaban escritos sobre la cruz —latín, griego y hebreo— y ver la palabra "paz" en cada uno. Descubriremos que la palabra "paz" significa cosas diferentes para personas diferentes. Significaba una cosa para los romanos, otra cosa para los griegos, y otra para los hebreos.

Tome la palabra romana para "paz": *pax, pacis,* de donde obtenemos nuestra palabra "pacto". Era una palabra política, y significa muy sencillamente la ausencia de guerra. En los días del Nuevo Testamento, disfrutaban de lo que se llamaba la *Pax Romana*. En todo el mundo conocido de ese tiempo, había paz, y si no hubiera sido por el ejército romano no habría habido paz. Fue gracias a esa paz política que el evangelio pudo difundirse tan rápido y pasar de un lugar a otro sin pasaportes o controles.

Tengo la sensación de que esta es la clase de paz por la que oraba mi generación cuando, durante la Segunda Guerra Mundial, nuestras iglesias estaban llenas en los días nacionales de oración. Pero no creo que Dios es esa clase de Dios. Si esperamos paz política en nuestro tiempo, entonces nos desilusionaremos tremendamente, porque Jesús dijo que, hasta el final de la historia, hasta el día que él vuelva, habría guerras y rumores de guerras. Por lo tanto, quienes conocen las palabras de Jesús y han llenado sus mentes con lo que él pensaba del mundo no serán conmovidos cuando empiece la Tercera Guerra Mundial. Solo quienes tengan una visión ingenua, tanto de Jesús como de Dios el Padre, verán sacudida su fe.

Jesús dijo también: "No se angustien". Él vendrá nuevamente para tratar la situación. Esperamos que nuestros hijos puedan tener una medida de paz, y que pueda haber períodos de paz en el mundo, pero sabemos perfectamente que habrá "guerras y rumores de guerra", porque las últimas guerras mundiales del siglo XX no trataron la causa de la guerra.

La palabra griega para paz es *eirene*, de ahí el nombre Irene. Los padres podrán escoger ese nombre esperando que la niña crezca para ser una persona plácida. ¡Es algo difícil y peligroso, como mencioné, nombrar a sus hijos antes que hayan crecido! (Si usted es una "Irene", por supuesto, podría ser muy pacífica y plácida). Los griegos interpretaban la paz, *eirene*, como la ausencia —note nuevamente que es negativo— de conflicto *interno*. Para ellos, no era algo externo, y si uno estaba libre de conflictos internos, entonces tenía paz. De esta palabra viene la palabra "irénico". ¿Alguna vez escuchó decir de alguien en un grupo de discusión que era "irénica", alguien que echa aceite sobre el conflicto y saca la perturbación de la discusión, un espíritu irénico?

La idea favorita de los griegos era la *ataraxia*, que significa *tranquilidad*. Sugiere alguien que no se altera fácilmente, que no se perturba, que no se acerca demasiado a las personas para no atarse emocionalmente a ellas, y no se involucra demasiado aun en sus propios problemas. Se mantiene en equilibrio, tiene esta clase de paz. Es casi una indiferencia cultivada y una independencia de los demás.

Yo no soy así, pero conozco muchas personas así, que parecen tener una serenidad cultivada y nunca parecen perturbarse o emocionarse; se mantienen en equilibrio toda la vida. Uno siente que si se encuentra con esta persona en diez años seguirá estando en ese curso tranquilo. Tengo envidia de esta clase de personas. Mi vida nunca ha sido tan plácida, pero ¿es eso la paz de Dios, o es algo temperamental? ¿Es algo con lo que alguien nace?

Miremos ahora la palabra hebrea para paz: *shalom*. Es una emoción enorme bajar del avión en Israel y ser saludado por el conductor de un taxi o un autobús con "Shalom". Es mucho más lindo que "hola" o aun "adiós", que es una contracción de la "a Dios". Shalom es un saludo hermoso que uno escucho en todas partes en Israel. Es lo mismo que escuché de los árabes, cuando dicen: "Salaam". No tenemos ninguna palabra así en este país.

¿Qué significa esta palabra hebrea para la paz, *shalom*? Significa algo bastante positivo. No es ni la ausencia de conflicto exterior ni la ausencia de conflicto interior. Es la presencia de dos cosas. Físicamente, es la *presencia de salud* y eso, por supuesto, es una gran bendición de la paz. Así que cuando usted dice "Shalom" a alguien, le está diciendo "Buena salud para ti". Pero está diciendo más que eso. No es solo la presencia de salud, sino la *presencia de armon*ía, que significa que usted se encuentra en la *relación correcta con las demás personas y con su Dios*. Como padres, a veces encontramos que podíamos lograr paz en la casa si enviábamos a cada uno de nuestros hijos a una habitación diferente. "¡Cada uno vaya a su dormitorio!". Afortunadamente, no era necesario con demasiada frecuencia. Podemos lograr una "paz romana" así. Tal vez podemos lograr una "paz griega" para nosotros así, pero no podemos obtener "shalom" así. Obtenemos shalom cuando salimos a caminar por la campiña juntos como familia y estamos en armonía con nosotros, con la naturaleza y con Dios. Es algo completamente positivo. No es solo la ausencia de algo: "déjame en paz solo", "saca a las demás personas de mi casa y de mi vista", "si tan solo no tuviera que trabajar para mi jefe entonces estaría plácido". ¿Ha escuchado esta clase de frases? No, es "dame armonía con mi jefe, con mi familia, con mi vecino molesto, con mi Dios".

Dios es descrito vez tras vez en la Biblia como el "Dios de paz". ***Nunca obtendrá la paz de Dios hasta que encuentra el Dios de paz.*** Notará, vez tras vez en la Biblia, si no se le ofrece la paz de Dios el final de una carta, encontrará al Dios de paz mencionado cerca del principio.

Miremos primero al Dios de paz. ¿Por qué es descrito como el Dios de paz? Precisamente porque es el Dios de perfecta armonía. Hay una armonía que es triple, y le daré solo pequeños atisbos de la armonía de Dios.

Ante todo, hay una armonía en lo que dice. Dios nunca se contradice. Pasé por una etapa de joven cuando pensaba que la Biblia estaba llena de contradicciones. Creo que todos pasamos por esa etapa. Pensaba que podía encontrar fallas en el libro y podría mostrar donde parecía contradecir esto, aquello y lo otro. Comencé con una lista muy larga. Se ha reducido rápidamente a lo largo de los años al estudiar la Biblia más profundamente. Descubrí que este libro, escrito hace más de 1400 años por más de 40 autores diferentes —ninguno de los cuales sabía que estaba escribiendo parte de la Biblia o siquiera conocía qué otras partes se escribirían— concuerda con sí mismo de tapa a tapa, que hay una armonía de enseñanza de modo que no importa qué capítulo estudie, encontrará las mismas verdades que encuentra en otras partes. La armonía en lo que Dios dice. Dios es un Dios de paz.

La armonía en lo que Dios hace en nuestra historia parece

ser un caos total, ¿no es cierto, a primera vista? Pero quienes conocen al Dios de paz pueden ver que Dios está moviendo toda la historia, cada evento en ella, hacia un grandioso evento muy lejano hacia el cual se mueve toda la creación: la consumación de todo en Cristo. Uno puede ver que está ocurriendo.

Es el incrédulo que dice: "No le veo ningún sentido". Es el incrédulo que no puede ver que se aproximan los sucesos que indican que podemos "levantar la cabeza, porque se acerca nuestra redención". El cristiano puede ver una armonía en la historia. El cristiano puede ver que Dios permite a los dictadores llegar hasta cierto punto, y luego son derribados y detenidos. Dios da a la humanidad mucha soga, pero no suficiente como para colgarse. Uno puede ver la mano restrictiva vez tras vez, permitiendo el mal para enseñar a los hombres su lección, pero nunca permitiendo que la maldad del hombre destruya el mundo.

Yo no temo que el mundo sea destruido por bombas atómicas. No ocurrirá. El hombre podrá destruir una parte de la sociedad, pero no podrá poner fin a la historia. Dios dijo que eso está en sus manos, y hay una armonía en la historia en lo que Dios ha hecho que está conduciendo todo al clímax de su diseño.

¿Qué es la verdadera belleza? La verdadera belleza es proporción. Cuando uno estudia las estatuas griegas de seres humanos, descubre que son hermosas porque tienen todo en una proporción perfecta. Una parte de su cuerpo fuera de proporción arruina la belleza. Lo mismo ocurre no solo con la belleza física sino con la belleza moral, la belleza del carácter. Si una virtud está fuera de proporción, destruye la belleza del carácter. Si alguien tiene su amor fuera de proporción, destruye la belleza de su carácter. Lo mismo ocurre con la indignación recta. Pero cuando empezamos a ver el carácter de Dios, ¡qué armonía hay en lo que él es!

Hemos pensado en su *santidad*, su *indignación* y su *justicia*. Su *amabilidad*, su *amor* y su *misericordia*, y de su *bondad paternal* y *poder todopoderoso*. Estamos pensando ahora en su *paz* y todo encaja perfectamente. ¿Se da cuenta de que no hay una sola cosa fuera de proporción? Ni una cosa fuera de equilibrio. Los atributos de Dios están en perfecta armonía. Dios es Padre, Hijo y Espíritu Santo, y hay una armonía perfecta entre esas tres personas de la deidad, así que si fuera a preguntar a algunas de esas tres personas su opinión sobre algo, obtendría la misma verdad.

Jesús oró para que sus discípulos ("los que me diste…") estuvieran en la misma clase de armonía entre ellos como él con su Padre: "… para que puedan ser uno, como nosotros somos uno". Que pensemos de la misma forma, digamos las mismas cosas y tengamos la misma actitud. Esa es la clase de armonía por la que oraba. No era una unidad organizacional. Era una armonía tal que no importa a cuál iglesia usted vaya escuchará el mismo evangelio, se encontrará con el mismo Jesucristo, y tendrá el mismo poder de Dios para salvación. La armonía entre Jesús y el Padre era real, y apareció en todo lo que Jesús hizo. Y debería aparecer una armonía entre cristianos en todo lo que hacemos.

Vamos brevemente a *la paz de Dios*. Esta armonía que Dios tiene en su interior, él quiere dar a las personas. Por eso en el Nuevo Testamento se dice que Jesús vino para traer paz. Fue llamado el Príncipe de Paz. Cuando nació, se dijo: "Gloria a Dios en las alturas, y en la tierra paz…" El cínico dice que ha sido un fracaso lamentable. Hemos tenido guerras siempre desde entonces. Yo digo al cínico: no ha leído esa palabra como debe ser leída. Jesús ha traído paz en la tierra y *usted* no la conoce. "… y en la tierra paz".

Cuando Jesús murió, no tenía dinero que dejar. No tenía nada que dejar excepto una cosa, así que la noche antes de morir, dijo esto a sus amigos: "Les dejaré algo a ustedes: "*mi paz les dejo…"* No como la da el mundo, no esa clase de paz. Dejó muy en claro y de manera deliberada que no conocerían el tipo de paz exterior que el mundo trata de obtener y dar. Las primeras palabras que pronunció cuando volvió de la tumba fueron: "Paz a ustedes". Usted puede tenerlo ahora, porque no se puede tener la herencia de alguien hasta que haya muerto.

Salieron en su nombre para predicar paz, una paz que podría unir a judíos y gentiles, una paz que podría unir a personas libres y esclavas, una paz que podría unir a hombres y mujeres, una paz que podría unir a los griegos instruidos y los bárbaros incultos. Este era el evangelio de paz. Cuando tomo las cartas que escribieron, encuentro esta clase de bendición vez tras vez: "Y la paz de Dios que sobrepasa todo entendimiento guardará sus corazones y mentes en Cristo Jesús". Aquí hay otra: "Ahora el Señor de paz les dé paz siempre, de todas formas". Y otra: "Y que la paz de Dios reine en sus corazones".

¿Qué significa? Pasaré ahora a las otras dos letras. Dios es un Dios de paz. ¿Por qué? Porque es un Dios de Orden. ¿Qué produce esto? *Q*uietud. Estamos pensando ahora en el orden, la paz y la quietud de Dios. Porque es un Dios de orden, es un Dios de paz. Y, porque es un Dios de paz, es un Dios que puede hablar con una voz silenciosa y pequeña y hacer que usted esté *quieto*. Apliquémoslo de manera muy práctica, como lo hace la Biblia. En términos prácticos, ¿qué diferencia haría para nosotros si el Dios de paz nos diera *la paz de Dios*?

Dos diferencias. En nuestra vida conjunta como iglesia, debemos ser ordenados. Me refiero ahora a 1 Corintios 14, donde había una iglesia que se había vuelto muy desordenada. Comenzaron a ejercer dones, no de manera ordenada (y no hay nada malo en que los dones del Espíritu sean ejercidos en la iglesia de manera ordenada) sino de una manera *desordenada*.

Hablaban varios a la vez. Se levantaban y hacían un alboroto. Hacían ruido. Y Pablo dice: "Dios es un Dios de orden, de paz, no un Dios de confusión, así que su vida de iglesia debe ser ordenada. Eso le dirá al mundo que ustedes adoran a un Dios de paz".

Piense si alguien que entre en su reunión y están todos gritando al mismo tiempo, haciendo diferentes cosas y sin prestarse atención entre ustedes. Ahora bien, sé que hay diferentes formas de organizar el culto, y no me importa en realidad qué orden tengan, siempre que sea real y sea en el Espíritu. No me importa si no tienen ningún orden en el sentido de escribirlo de antemano, siempre que sea ordenado. Puedo adorar con la adoración gozosa del Ejército de Salvación. Me gusta la liturgia de la Iglesia de Inglaterra. Me gusta la adoración bautista. Pero no importa qué forma asuma —pentecostal, Hermanos Libres, el que sea—, Dios es un Dios de paz. Por lo tanto, nuestra adoración debe ser ordenada.

Le digo a las personas: "No los traemos acá para confundirlos. No los traemos acá para perturbarlos. Los traemos aquí a un Dios de orden que ordenará sus vidas. El Dios cuyo Espíritu sopló sobre el caos de la creación, y que puso orden en ella, puede respirar sobre el caos de sus vidas y poner orden en sus vidas diarias". Por eso tenemos un culto ordenado, porque Dios es un Dios de orden, y no de confusión. En cuando a su vida privada, individual, la otra cosa que dice la Biblia es que, si realmente obtiene la paz de Dios, no solo el culto y el testimonio cristiano conjunto serán ordenados, y no caóticos y confusos, sino que su vida individual será tranquila. Los cristianos no son personas ruidosas. "En la serenidad y la confianza está su fuerza". El efecto de la justicia, como enseñó Isaías, será la paz, y el resultado de la justicia será la serenidad y la confianza para siempre. ¿Ha notado que las personas que realmente conocen la paz de Dios son personas tranquilas? Por supuesto que lo son. Podrán alzar la voz como Jesús, cuando echó el mal del templo, pero son personas tranquilas. Pablo nos dice que vivamos reposadamente. ¡Qué diferente del ruido y el parloteo del mundo! Se nos dice en la Biblia que vivamos de manera tranquila, y el Dios de paz estará con nosotros.

Estaba con un grupo en un hotel que pasó un cuarto de hora en completo silencio. Cada uno de nosotros fuimos a nuestra habitación, a solas con Dios. Pasé por la cocina camino a mi cuarto después de esto, y el personal dijo: "¿Qué le pasa a esta gente?". Estaban completamente consternados. Los otros huéspedes dijeron: "¿Dónde se han ido?". Todo el lugar estaba quieto como una tumba. Pero en ese silencio de quince minutos creo que Dios nos dijo más que en el resto del tiempo en el evento. "Quédense quietos, reconozcan que soy Dios". Dios habla.

¿Cómo funciona esto? Primero, una palabra para los hombres. Aquí tienen un texto para ustedes: "Procuren vivir en paz con todos, ocupándose de sus propias responsabilidades y trabajando con sus propias manos". Es práctico, ¿no es cierto? Hagan su trabajo en paz, y les diré esto: todo empleador valora a un empleado que hace esto y se dedica a trabajar tranquilamente.

Mujeres, ¿están interesadas en la belleza? Aquí tiene el consejo de la Biblia sobre cómo ser hermosas: "Que la belleza de ustedes no sea la externa, que consiste en adornos tales como peinados ostentosos, joyas de oro y vestidos lujosos. Que su belleza sea más bien la incorruptible, la que procede de lo íntimo del corazón y consiste en un espíritu suave y apacible. Esta sí que tiene mucho valor delante de Dios". ¿Quiere ser una mujer hermosa? Entonces, un espíritu suave y apacible —la paz de Dios— lo hará para usted. La paz de Dios estará con usted.

7

REINO, SOBERANÍA

Considere el Salmo 103: "El Señor ha establecido su trono en el cielo; su reinado domina sobre todos". Y, de Apocalipsis: "¡Aleluya! Ya ha comenzado a reinar el Señor, nuestro Dios Todopoderoso. ¡Alegrémonos y regocijémonos y démosle gloria!". Estos son textos del Antiguo y del Nuevo Testamento que dicen lo mismo: ***Dios es Rey***.

Es descrito como el único potentado, el Rey de reyes y el Señor de señores. La Biblia comienza en el salón del trono de Dios y finaliza en el salón del trono de Dios. En el medio, los tronos humanos y los imperios humanos llegan y van, los reinos, poderes y glorias humanos crecen y menguan. Pero a lo largo de todo esto el trono de Dios está establecido en los cielos. Este es un tema tan grande que me siente completamente incapaz de intentar transmitírselo, pero si puedo transmitir algo del sentido de majestad de nuestro Dios poderoso, entonces habremos completado el cuadro un poco más. "Engrandezcan al Señor conmigo". La nota que necesita ser agregada a la confesión de muchas personas es la majestad de Dios como Rey.

Antes que Jesús nos hubiera enseñado a llamar a Dios "Padre", vino a Galilea predicando el reino, el reinado, la realeza de Dios. La ausencia de esta nota es la explicación de por qué mucha de nuestra adoración se vuelve demasiado "compinche" y un poco demasiado terrenal, y no tiene demasiado sentido de sobrecogimiento y reverencia, como tendríamos sin duda si tuviéramos una audiencia con Su Majestad la Reina Isabel II. Nos encontramos en una audiencia con su majestad el Rey de reyes.

Es muy difícil, en estos tiempos modernos, transmitir el significado de la palabra "rey". Por un lado, muchas familias reales han dejado de existir. Por lo menos veinticuatro tronos de Europa han desaparecido y han caído muchas coronas de cabezas reales. Aun en países que todavía tienen familias reales, como el nuestro, la realeza ya no *reina*. La realeza se ha convertido en una monarquía constitucional, una figura. La única persona que no puede hacer su propia voluntad en esta tierra parece ser su majestad la reina. Es considerada como la servidora de todos, y debe hacer lo que el país desea que haga. Pero en los tiempos antiguos, y aun en ciertas partes del mundo, un reino no es definido en términos de territorio, sino de dominio. Si uno cruz ese límite se encuentra en el reino de un jefe o un rey, bajo *su* dominio. Él reina, y dentro de ese territorio su palabra es ley y su voluntad es absoluta. En los días en que fue escrita la Biblia, la palabra "rey" tenía esta nota de dominio y autoridad absolutos, y llamar a alguien Rey de reyes era decir algo realmente grande.

Podemos ejercitar nuestra imaginación y volver a los días en que "reino" y "rey" significaban algo grande, un dominio poderoso, y se refería a una persona que tenía control absoluto de todo lo que ocurría dentro de sus dominios. Ese es el *reinado* o la *soberanía de Dios*. Prefiero esas palabras a la palabra "reino". Porque "reino" hoy significa simplemente un territorio geográfico. Cuando Cristo vino predicando el reino de Dios, el reino de los cielos, estaba predicando el reinado de Dios, la soberanía de Dios, el dominio absoluto del Dios Todopoderoso sobre todo lo que ha hecho. En otras palabras, si quiere resumir mi mensaje en una frase, y si se olvida de todo lo demás, recuerde esto: "Dios aún está en el trono". Este era el título de una canción, y una niña pensó que decía "Dios está en el teléfono". Es cierto que puede haber una comunicación en oración entre él y nosotros. Pero es cierto también que la vida de oración de algunos no es orar al "Dios que está en el trono" sino al "Dios que está en el teléfono", en el sentido de que alguien puede simplemente llamar, comunicarse y decir: "¿Podrías hacer lo que *yo* quiero de inmediato? Acá hay una emergencia. Arréglalo". Pero cuando uno se acerca a nuestro Dios que está *en el trono*, lo hace en un espíritu algo diferente a alguien que está en el teléfono. Uno se acerca a él con reverencia y sobrecogimiento. No trata de persuadirlo para hacer la voluntad de usted, sino dice: "¿Cuál es *tu* voluntad?", y entonces trata de hacerla.

La razón humana nunca le dirá que Dios está en el trono. Le estoy diciendo algo que al mejor cerebro del mundo no podría decirle. Esto es algo que la humanidad nunca habría descubierto si Dios no nos lo hubiera dicho en su Palabra. Porque, no importa dónde mire, encontrará una ausencia casi total de cualquier evidencia que sugeriría que Dios aún está en el trono.

Piense en el mundo de la naturaleza. Uno ve el pronóstico del clima para mañana y podría preguntar: "¿Está Dios en el trono? ¿Controla realmente el clima?". Podría parecer que la naturaleza está atada a leyes de hierro y que, de alguna manera, aun cuando Dios creó el mundo tiene que haberlo dejado funcionando por su cuenta muchos siglos atrás, como si hubiera hecho un reloj, le hubiera dado cuerda, y lo hubiera dejado en funcionamiento. Uno no llegaría a la conclusión de que Dios está en el trono si mira la naturaleza. A veces la naturaleza hace cosas que sugerirían que Dios no está al control de ella. Se produce un tifón, un huracán o un terremoto, uno ve las imágenes en los medios periodísticos, y dice: "¿Dios está en el trono? ¿Usted me dice que Dios está al control y ocurren estas cosas?". (Vea mi libro *Why Does God Allow Natural Disasters?* para una discusión sobre el tema).

La razón humana no encontraría esta verdad en la naturaleza. Tampoco la razón humana por su cuenta podría encontrarlo en la historia. Vemos el horror de las guerras, y la gente me dice: "¿Dios al control y deja que ocurran cosas como estas? ¿Usted trata de decirme que Dios está en el trono y que la historia está en sus manos? No lo creo. No puedo ver la evidencia".

Tampoco encuentra la razón humana el trono de Dios en la *experiencia* humana. "¿Usted quiere decirme que Dios está en el trono y al control de lo que ocurrió con mi hijo? ¿Va a decirme que Dios está al control? No lo creo. Creo que estamos a la merced del azar puro. Estamos a la merced de microbios tan pequeños que no podemos verlos. No estamos bajo el control de un Dios omnipotente".

Así que, no importa adónde mire, la gente dice: "No puedo verlo". Y, por supuesto, que no pueden verlo. Esto no es una verdad que la razón humana pueda ver. Uno nunca sabría que Dios está en el trono si fuera dejado a su propia razón.

Sin embargo, encuentro esta verdad en la Biblia, el libro de la revelación *divina*. Por lo tanto, cada uno de nosotros debe decidir si aceptaremos la razón humana o la revelación divina como autoritativa. Sea que usted piense que estamos sujetos al caos, el azar o las leyes ciegas de algún universo mecánico, o si cree que Dios tiene todo bajo control, ¿qué aceptará usted?

Miremos lo que dice la Biblia acerca de la soberanía de Dios, su control, su omnipotencia, y luego preguntemos si puede ser cierto. La Biblia tiene que ver con que la voluntad de Dios sea hecha, y que nada puede frustrar su voluntad. Al estar en el trono del universo, todo lo que él dice *ocurre*. La Biblia comienza y finaliza con sus decretos.

Primero, el Antiguo Testamento. Comenzaremos por la naturaleza, que ya he mencionado. Comenzamos por el salón del trono de Dios en Génesis 1, donde Dios hace un decreto: "Sea la luz", y hubo luz.

Note que en Apocalipsis 4 dice: "Digno eres, Señor y Dios nuestro, de recibir la gloria, la honra y el poder, porque tú creaste todas las cosas; por tu voluntad existen y fueron creadas". Dios fue soberano en la creación, y lo que decretó, ocurrió. "Él habló, y todo fue creado", dijo el salmista. Eso es la soberanía de Dios.

Habiendo *creado* el mundo de la naturaleza, ¿lo siguió *controlando*? ¿Está realmente en sus manos? La Biblia afirma de manera unánime que es así. Tomemos el clima, por ejemplo. Las personas dicen: "¿Qué sentido tiene orar por el clima? El clima está sujeto a las leyes meteorológicas y a lo que parece el azar. El anunciador en la televisión se disculpa con una sonrisa porque se equivocó el día de ayer y llovió a cántaros en vez de ser un día soleado. ¿Está Dios al control del clima?

Escuche lo que dice la Biblia: "El Señor hace todo lo que quiere en los cielos y en la tierra, en los mares y en todos sus abismos. Levanta las nubes desde los confines de la tierra; envía relámpagos con la lluvia y saca de sus depósitos a los vientos".

Lea la Biblia, y encontrará que Dios, vez tras vez, usó el clima para sus propósitos. Considere a Noé. Dios hizo que lloviera. Hubo una orden desde el trono de Dios, y la lluvia arrasó a una sociedad malvada. Dios envió un gran viento este, partió el Mar Rojo en dos y una nación fue salvada de la destrucción. La orden para el viento vino desde el trono. Dios envió granizo sobre Egipto, un granizo que nunca se había visto antes, pero hubo un pequeño sector de Egipto sobre el cual no cayó una sola piedra. Era la tierra de Gosén, donde estaba su pueblo. Dios puede hacer que el sol se detenga para una batalla, y puede mantener las estrellas en sus trayectorias. Este es el cuadro bíblico de Dios, y llega hasta el mismo Hijo de Dios, parado en la popa de un bote, diciendo al viento y a las olas: "¡Abajo, quietos!", y hubo una gran calma. La soberanía de Dios sobre el clima.

¿Controla Dios los animales? Considere esto: "míos son los animales del bosque, y mío también el ganado de los cerros. Conozco a las aves de las alturas; todas las bestias del campo son mías". Esa es la palabra de Dios. Él puede decir a las moscas lo que deben hacer, porque dijo a las moscas que fueran a Egipto, y lo hicieron. Dijo a las langostas lo que debían hacer, y lo hicieron. Dijo a los cuervos que alimentaran a un hombre llamado Elías, y lo hicieron. Muchas personas piensan que la ballena es la gran dificultad en la historia de Jonás, pero le puedo decir que el gusano es una dificultad tan grande como la ballena. Tanto la ballena como el gusano hicieron lo que Dios les dijo que hicieran. Aparece de nuevo cuando Jesús montó un potrillo, la cría de un asno. Le sugiero que intente montar un animal así que nunca ha sido montado. No se quedaría diez segundos. Sin embargo, Jesús controló esa bestia todo el camino hasta entrar en la ciudad.

Tanto la naturaleza como los animales están perfectamente bajo la soberanía de Dios y, cuando se les pide, pueden hablar. Dos reses que tiran del arca del pacto pueden saber en qué dirección se encuentra Jerusalén, y dónde deben llevar el arca. Los filisteos se quedaron asombrados que aun unas vacas pudieran conocer la voluntad de Dios. Ese es el cuadro de Dios en la Biblia: todo está bajo su voluntad soberana.

Ahora vayamos a la historia. Volvamos a los judíos. Es imposible explicar la historia de los judíos excepto en términos del control soberano de Dios. De acuerdo con cada factor humano, los judíos tendrían que haber dejado de existir hace tres mil años, pero siguen ahí. De acuerdo con todas las explicaciones humanas, nunca tendrían que haber superado el período del Antiguo Testamento, pero lo hicieron. ¿Por qué? Porque, como dicen Isaías y Jeremías, la relación entre Israel y Dios era la de un alfarero y la arcilla, y todo lo que les sucediera era simplemente la mano del alfarero moldeando su destino. Él podía romperlos, hacerlos y moldearlos. Él era Dios y ellos eran la arcilla en manos del alfarero. Por lo tanto, todo lo que él decidiera para ellos ocurriría. Si él decidía que estuvieran en su propia tierra, lo estarían. Si él decidía que no estarían, entonces no estarían. Y nadie podía detenerlo.

Como dijo Isaías: "Traigo bienestar y creo calamidad; Yo, el Señor, hago todas estas cosas". Dios crea ambas cosas, y cuando envió la lluvia y el viento del Mediterráneo, la tierra tuvo alimento. Cuando Dios revirtió el clima y envió un viento este desde el desierto de Arabia, tuvieron hambre. Dios podía cambiarlo a voluntad. La historia del pueblo revela el control perfecto de Dios sobre la nación. Pero si pensamos que estaba limitado a los judíos, entonces tenemos una visión demasiado estrecha de Dios. Vuelva a leer el Antiguo Testamento, y encontrará que Dios tiene a las naciones en la palma de la mano. No solo los judíos. Y las mueve tan fácilmente como usted o yo podríamos mover una pieza en el tablero de ajedrez. Él dice: "¿Acaso no saqué de Egipto a Israel, de Creta a los filisteos y de Quir a los sirios?". Él mueve las naciones de un lado a otro de acuerdo con sus propósitos. Una de las mayores demostraciones de eso fue cuando los judíos estaban en cautiverio, fuera de su tierra, en Babilonia. ¿Cómo podrían ser liberados? Isaías dice: "Ciro mi ungido vendrá a apropiarse de ese reino y él los liberará y dejará que vuelvan". Dios movió todo un imperio contra los captores de Israel y los liberó de las naciones. Obtenga esta visión grande de Dios, un Dios que puede controlar toda la naturaleza y toda la historia. Pero no lo obtendrá de ningún lugar fuera de la Biblia. Entonces podrá considerar las noticias diarias y podrá ver que las naciones están en sus manos.

Bajemos al nivel personal de la experiencia humana. En la Biblia podemos encontrar la soberanía de Dios. El libro de Proverbios dice: "El corazón del hombre traza su rumbo, pero sus pasos los dirige el Señor". Usted hará sus propios planes, pero no piense que podrá frustrar los planes divinos. La mente de una persona podrá tomar decisiones, pero los pasos de la persona están dirigidos por Dios. Tal vez nunca lo sepa, o podrá saberlo como José. Parecía que una tragedia tras otra golpeaba a ese pobre hombre. Vendido por sus hermanos como esclavo, acusado injustamente por Potifar por meterse con su esposa, había sido arrojado en la cárcel y había quedado olvidado en su celda. Pero cuando los hermanos de José vinieron a Egipto, les dijo que el Señor lo había planeado todo. José sabía que habían querido perjudicarlo, pero era el plan del Señor, para que él estuviera allí en Egipto en condiciones de alimentarlos cuando estuvieran con hambre. José podía ver la soberanía de Dios demostrada en su vida.

Considere a Job. No entendía lo que estaba pasando. Solo sabía que había perdido todos sus negocios y todo su dinero, y que todos sus hijos habían muerto en un desastre. Finalmente, él mismo fue aquejado con una enfermedad mortal. ¿Cuál fue la reacción de Job ante esto? No entendía por qué había ocurrido. No sabía que Dios lo había permitido. Pero, ¿qué dijo cuando perdió a cada uno de sus hijos? "El Señor ha dado; el Señor ha quitado". Eso solo fue bastante grande, pero luego siguió diciendo: "¡Bendito sea el nombre del Señor!". Yo diría que difícilmente haya un funeral en cincuenta donde uno pueda realmente decir eso para expresar los sentimientos más profundos de las personas que están presentes. Casi parece una hipocresía, cuando nos estamos preguntando: "¿Por qué? ¿Por qué?". "Yo le agradezco aun por darme estos hijos por un tiempo tan breve. Bendito sea su nombre…" Uno no encuentra esta actitud con frecuencia.

Luego, cuando Job estaba agobiado en su salud, su esposa tuvo la típica actitud del incrédulo, y dijo: "Mira lo que te ha hecho. Maldícelo y muérete". Él dijo tranquilamente: "Si de Dios sabemos recibir lo bueno, ¿no sabremos recibir también lo malo? ¿Acaso vamos a dictar a Dios qué clase de vida nos envía?". Oh, ¡qué maravillosa aceptación de la soberanía de Dios!

Tome ahora un ejemplo de un hombre que fue usado no para el bien, sino para el mal: el faraón. El faraón es el ejemplo sobresaliente en la Biblia de un hombre que Dios, en su soberano poder, usó como una demostración de su juicio. Dice que el corazón del faraón fue endurecido por Dios. Pablo, refiriéndose a esto en Romanos 9, agrega este comentario: "Dios tiene misericordia de quien él quiere tenerla, y endurece a quien él quiere endurecer. ¿Quién eres tú para decir al alfarero: 'No me gusta cómo estás trabajando con la arcilla'"? Eso es el Nuevo Testamento.

¿Acaso no tiene Dios derecho a hacer eso con el faraón? ¿No tiene derecho a endurecer a quien quiere y tener misericordia de quien quiere? ¿Hemos olvidado acaso que él es Dios, que no debemos decirle qué hacer? Encontramos esa gran oración en 1 Crónicas: "Tuyos son, Señor, la grandeza y el poder, la gloria, la victoria y la majestad. Tuyo es todo cuanto hay en el cielo y en la tierra. Tuyo también es el reino, y tú estás por encima de todo".

¿Tomó nota: reino, poder y gloria? Las palabras del Padrenuestro, ahí están, en el Antiguo Testamento. "Nuestro Dios está en los cielos", dice el salmista. Hace lo que le place. Ese es Dios.

En el Nuevo Testamento, ante todo vemos la soberanía todopoderosa de Dios en Cristo. ¿Por qué María? No encontrará ninguna respuesta a esa pregunta, así como no encontrará ninguna respuesta a la pregunta: ¿por qué los judíos? La respuesta no está en los judíos, sino en la voluntad soberana de Dios. La respuesta no está en María, sino en la voluntad soberana de Dios.

"María, tendrás un bebé". Y María dijo: "Aquí tienes a la sierva del Señor. Que él haga conmigo como me has dicho". Pensar en todos los chismes sucios que circularían acerca de esta mujer soltera y que aún corren en Oriente Próximo. Pero Jesús nació por la voluntad omnipotente de Dios, que decidió quién sería la madre, dónde nacería y cuándo nacería. Fue por su decreto real desde el trono en el cielo.

Uno lo encuentra a lo largo del ministerio del Señor. Encuentra que vino para hacer la voluntad de su Padre Dios. La soberanía sobre el viento y las olas era la misma soberanía que ejerció sobre los discípulos, y dijo: "Ustedes no me eligieron a mí, yo los escogí…" Los doce discípulos no fueron doce hombres que escogieron a Jesús, sino doce hombres que Jesús escogió. En su oración en Juan 17, Jesús agradece al Padre por darle esos doce hombres: "Tú me los has dado". Es muy diferente que hablar de "decidir seguir a Jesús".

Tome el Padrenuestro, la oración modelo. "Hágase tu voluntad… porque tuyo es el reino". El Hijo de Dios que nos enseñó eso fue el Hijo de Dios que lo practicó.

Acompáñeme ahora a dos momentos de oración en la vida terrenal de Jesús. Cuando los discípulos volvieron y dijeron: "Hasta los demonios se nos someten en tu nombre", él se alegró y se regocijó en el Espíritu y dijo: "Te alabo, Padre, Señor del cielo y de la tierra, porque habiendo escondido estas cosas de los sabios e instruidos, se las has revelado a los que son como niños. Sí, Padre, porque esa fue tu buena voluntad". Lo que pareciera bueno a los ojos del Padre, Jesús se regocijaba en ello.

Cuando llegó a esa agonía en Getsemaní, oró: "Padre, si estás dispuesto a quitar esta copa… pero no se haga mi voluntad sino la tuya". Cuando esos hombres malvados decidieron clavarlo a la cruz, pensaron que era la decisión de ellos. Anás y Caifás pensaron que ellos habían decidido hacer que lo crucificaran. La gente pensó que habían ellos decidido cuando gritaron: "¡Crucifícalo!". Pero ¿quién había decidido en realidad que Cristo muriera en la cruz? El Padre.

Cuando Pedro predicó su primer sermón, dijo: "Este Jesús, entregado según el determinado propósito y el previo conocimiento de Dios... ustedes lo mataron, clavándolo en la cruz". La cruz no fue el plan de los hombres, sino de Dios. Si alguien dice: "Simplemente no lo puedo entender", bueno, no lo intente, sino simplemente acepte lo que Dios ha dicho.

Hay quienes niegan toda responsabilidad humana, y quitan partes de la Biblia. Hay quienes niegan la soberanía divina, y ellos también han sacado partes de la Biblia. Yo solo sé que, si bien hombres malvados decidieron matar a Jesús, era todo de acuerdo con el plan predeterminado de Dios. Si me piden que lo explique, contesto: "No soy Dios. Solo le estoy diciendo lo que dice Dios". Por eso el Cordero de Dios fue muerto desde la fundación del mundo. La cruz no fue ninguna idea trágica de último momento. Estuvo en la mente de Dios, mucho antes de que comenzara el mundo. Desde la fundación del mundo el Cordero fue muerto por los pecados de los hombres.

Ahora vamos a los cristianos. En el Nuevo Testamento, la soberanía de Dios está demostrada de manera maravillosa en la vida cristiana. Alguien escribió: "Cuando uno llega a la puerta de la salvación, encuentra que está escrito del lado de afuera: 'Todo el que quiere puede venir', pero cuando entre y mire hacia atrás verá otra cosa escrita en la puerta: 'Elegidos según la presciencia de Dios'". Esto no es una verdad para pecadores, sino para santos, y es la verdad más preciosa que descubrirá. Aunque pensó en ese momento que usted escogió a Dios, ahora mira hacia atrás y dice: "Dios me escogió a mí... en él antes de la fundación del mundo". Significa que nuestra salvación descansa no en usted sino en él. Significa que en su gracia y misericordia él puso su mano sobre usted. Pablo no podía olvidar esto, y en carta tras carta que escribió aparece: "Los elegidos de Dios..."

Es una verdad muy preciosa que sostiene a un cristiano en tiempos de desesperanza y depresión: que Dios me escogió en Cristo antes de la fundación del mundo. Aparece vez tras vez. En Hechos 13 dice que Pablo fue a cierta ciudad y predicó, y luego "creyeron todos los que estaban destinados a la vida eterna". Comienza por la decisión de Dios, no del hombre. Comienza en el corazón del plan de Dios.

En Romanos 8 vemos lo mismo, cuando Pablo dice: "A los que predestinó, también los llamó; a los que llamó, también los justificó; y a los que justificó, también los glorificó". Pero comenzó por la voluntad de Dios, no la nuestra. Sigue siendo su cuidado providencial. Es maravilloso para el cristiano saber esto. Romanos 8:28: "Sabemos que Dios dispone todas las cosas para el bien de quienes lo aman, los que han sido llamados de acuerdo con su propósito". Esto no es un fatalismo general que dice: "Qué será, será... Bueno, estoy seguro que todo será para mejor".

Un santo puede saber que, pase lo que pase, no importa qué tragedia ocurra mañana, no importa qué dificultad enfrente, Dios obrará para su bien, porque ha sido llamado de acuerdo con el propósito de Dios. Aquí está la seguridad final del cristiano. Si es la voluntad de Dios llamar a personas por su propio nombre y llevarlos finalmente al cielo, ¿quién puede derrotar esa voluntad? Si es su voluntad que nadie podrá sacarlos de su mano, ¿quién podrá hacerlo? Nuestra seguridad está en la soberanía de Dios.

Podemos ver que, en este asunto, la razón humana y la revelación divina se contradicen, y debemos escoger entre ellas. La *razón humana* dice que la responsabilidad humana es la última palabra, porque si no somos empujados de un lado por el destino o algún azar impersonal. *La revelación divina dice que Dios aún está en el trono.*

Uno obtiene una reacción diferente a esta verdad de un santo y de un pecador. Podemos saber con quién estamos hablando por la reacción que tiene. Un pecador recibe esto con una rebeldía taciturna. Un santo lo recibe con un dulce regocijo. Es una puñalada al orgullo del pecador, pero estimula la alabanza del santo. Llena a un pecador de preguntas. Llena a un santo de paz. El pecador dirá: "Bueno, si Dios ha predestinado todo, ¿qué sentido tiene orar?". ¿Qué piensa que es la oración, hacer que Dios haga *mi* voluntad? Es probable que sea lo que piensa, pero la oración sin duda es hacer la voluntad de Dios.

Dios está en el trono, su voluntad será hecha, su reino vendrá con seguridad, y esto hace que nos comprometamos más con la oración. No decimos: "Bueno, si es así, entonces está bien, no hace falta que oremos por nada". No, estamos aquí para hacer la voluntad de Dios. Él nos ha dicho que debemos orar. Se nos dice en 1 Juan 5 que, si pedimos algo de acuerdo con *su* voluntad, él nos escucha. No lo que queremos *nosotros*, sino lo que quiere él. Es eso lo que pedimos en oración. Demasiadas de nuestras oraciones son para los que queremos *nosotros*. Cuando uno predica esto y dice: "Dios está en el trono", algunos dirán: "Entonces, ¿qué sentido tiene predicar? Si Dios ha predestinado, si Dios decide y elige, ¿para qué predicar?". Yo contesto: "¿Qué piensa que es la predicación? ¿Piensa que la predicación es que yo intento imponer mi voluntad sobre usted y sobre su voluntad? Predico para hacer la voluntad de Dios, creyendo que debo predicar de acuerdo con la voluntad de Dios, creyendo que esa misma voluntad desea usar mi palabra para hacer lo que él quiere que haga. Que tocará algunos corazones y llevará algunos oyentes más cerca del Señor y a un entendimiento de *su* santa voluntad.

El santo no se rebela contra esto. Encuentra en esto dos cosas. Primero, produce la clase correcta de sumisión a Dios del santo. María es el buen ejemplo, como ya he citado: "Sea de acuerdo con tu voluntad". Pero, ¿y David? Cuando su vida corría peligro, dijo: "Señor, me gustaría volver al palacio y salir de este peligro. Pero, si el Señor me hace saber que no le agrado, quedo a su merced y puede hacer conmigo lo que mejor le parezca".

Esta es la respuesta a la queja. Esta es la respuesta a la preocupación y la rebelión: aceptar la voluntad de Dios. No en un espíritu de indiferencia fatalista, no en un espíritu de: "Bueno, no necesito hacer nada", sino en un espíritu de: "Tu voluntad sea hecha", con el énfasis en "hecha". Es el fatalismo que se limita a quedarse quieto y decir: "Qué será, será", pero eso es muy diferente de decir: "Tu voluntad sea hecha. Quiero hacer tu voluntad, quiero estar activo en tu voluntad, sabiendo que en tu voluntad está mi paz".

Finalmente, el santo encuentra aquí lo que provee seguridad. Dios tiene al mundo entero en sus manos. Acostarnos cada noche sabiendo que tiene todo el mundo en su mano, eso es seguridad: "No temeré lo que pueda hacerme el hombre. En tu voluntad está mi paz".

El plan de Dios no puede abortar, su propósito no puede fallar, y su reino no puede ser frustrado. Ahí está nuestra seguridad. Dios aún está en el trono. Estoy seguro de que su mente está llena de preguntas; la mía lo está. Porque a la razón humana no le resulta aceptable. Al final de Romanos 11, después de tres capítulos de discutir la soberanía de Dios, Pablo dice: "¡Qué profundas son las riquezas de la sabiduría y del conocimiento de Dios! ¡Qué indescifrables sus juicios e impenetrables sus caminos!". Un día sé que entenderé que su voluntad siempre ha sido correcta y lo mejor.

8

TRINIDAD, UNIDAD

En 2 Corintios 13:14 hay palabras que usted ha escuchado muchas veces: "Que la gracia del Señor Jesucristo, el amor de Dios y la comunión del Espíritu Santo sean con todos ustedes".

Si pensamos en aquellas personas que consideramos que son "grandes" seres humanos, a veces encontramos, cuando leemos acerca de sus vidas, que tienen un carácter complejo. El Dios Todopoderoso no es "complejo", en el sentido que un ser humano puede ser complejo. Pero Dios es infinitamente grande, ha revelado mucho acerca de sí en su Palabra, y es imposible en unos pocos pensamientos dar un cuadro claro de su carácter, quién es él.

Hay personas que quieren una visión sencilla de Dios, y logran hacer una para ellas. No tengo ninguna visión sencilla de Dios, y no puedo predicar una, porque cuanto más sé, menos siento que sé, y la grandeza de Dios es tal que descubro más acerca de él.

He estado intentando darle un cuadro de Dios, y hemos estado recorriendo el alfabeto, para que pueda intentar recordar algo de esta enseñanza. Así que si alguien le dice: "¿Cómo es Dios?", entonces puede empezar: "Es el Todopoderoso (*Almighty*) y Creador Abundante (*Bountiful*) (el ABC). Su Divinidad y Eternidad fueron las cosas siguientes que atrajeron nuestra atención, y a partir de ahí —en lo que es tan diferente de nosotros— nos volvemos a aquello en lo que es como nosotros, su Bondad Paternal (*Fatherly Goodness*). Luego consideramos el lado más severo de su carácter: su Santidad (**H**oliness), su **I**ndignación y su **J**usticia. Luego consideramos el lado más suave de su carácter: su Amabilidad (***K****indness*), su Amor (***L****ove*) y su **M**isericordia. Después consideramos sus **N**ombres, de los cuales hay literalmente cientos, pero consideramos algunos de los más importantes. Después consideramos el **O**rden y la **P**az y la **Q**uietud de Dios, que es tal que ante su trono en cielo hay un mar de cristal hasta donde llega la vista. Después vimos su **R**eino y su **S**oberanía: Dios sobre el trono.

Ahora llegamos a las letras "t" y "u", su naturaleza **T**rina y su **U**nidad. Este es el punto en que llegamos a algo que es tan difícil para que nuestras mentes absorban que algunos han objetado la idea de creer en la Trinidad, y han dicho: "Mi Dios es más sencillo que eso; eso es demasiado complicado". La idea de que Dios es, en realidad, tres personas y, sin embargo, a la vez una, es algo que nuestras pequeñas mentes matemáticas no pueden comprender. Hay muchas personas que son muy buenas para sumar dos más dos y obtener cinco, pero cuando uno les dice que tres es igual a uno y que uno equivale a tres, es algo que las supera.

Hay quienes no solo se han opuesto a la idea de la Trinidad en nombre de la razón humana sino en nombre de la religión humana. La próxima vez que un Testigo de Jehová golpee su puerta, menciónele la palabra "Trinidad", pero cierre la puerta rápidamente, porque es una de esas cosas que no puede manejar, al igual que el mormón que lo visitará la próxima semana. El seguidor de la Ciencia Cristiana y el espiritista tampoco pueden manejar la Trinidad.

Pero a lo largo de las edades cada credo cristiano ha dicho: "Creo en el Padre, Hijo y Espíritu Santo", tres personas, un Dios. Esa es la fe que creemos y enseñamos.

Ahora quiero ir a la Biblia para intentar ayudarlo a entender lo que queremos decir con la Trinidad y la Unidad, no para que usted pueda discutir con personas sobre el tema, sino para que pueda decir con San Patricio: "Me ato hoy el fuerte nombre de la Trinidad", y para que usted pueda comenzar cada mañana *conociendo* al Padre, al Hijo y al Espíritu Santo.

A primera vista la Biblia parece ser un libro dividido. Sabemos que está dividido en el Antiguo y el Nuevo Testamento, pero parecería estar para algunos dividido en este tema. El Antiguo Testamento, pueden ver, enseña la unidad de Dios, y el Nuevo Testamento, la Trinidad. O, en términos más sencillos: el Antiguo Testamento dice que "Dios es uno" y el Nuevo Testamento dice que "Dios es tres". ¿Cómo entendemos esto?

Consideremos el Antiguo Testamento. Tal vez nunca se haya dado cuenta de qué alivio es creer en un solo Dios. En el mundo en el cual fue escrito el Antiguo Testamento había muchos dioses. Vaya a la tierra de Egipto y encontrará que adoraban ranas, moscas, toros y el río Nilo. Es interesante que en el tiempo de Moisés cada una de las diez plagas sobre Egipto estaba conectada con una de sus religiones y uno de sus dioses.

Vaya a la tierra de Canaán, y por donde mire había un Baal o una Aserá. El Baal era el dios esposo, la Aserá era la diosa esposa. Cada pequeño lugar tenía su propio dios esposo y su propia diosa esposa, con sus repugnantes ídolos sexuales; muchos dioses. Vaya a la nación más culta del mundo antiguo: Grecia. Si va a las ruinas de Grecia hoy encontrará que, como dijo Pablo: "Percibo que en muchas formas son muy supersticiosos". Lea la mitología griega, y encontrará que creían en muchos dioses y diosas.

En muchas áreas del mundo, aun hoy, podrá encontrar que muchas personas luchan con las ansiedades y temores causados por muchos dioses. Los misioneros le dirán que es un gran alivio decir a las personas que hay un solo Dios. Permítame tratar de ayudarlo a entenderlo. Suponga que hay un dios que se ocupa de su salud y un dios que cuida nuestros hogares y un dios que cuida nuestros trabajos y otro que se ocupa de nuestros viajes, y otro que cuida nuestro dinero y otro que se ocupa del clima, etc., y uno tuviera que intentar mantenerlos a todos contentos. ¿Cómo sería su vida de oración?

Es suficientemente difícil hacer lo correcto con un único Dios, pero si usted tuviera muchos dioses y no supiera a quién orar, y qué tipo de oración prefiere cada uno, entendería los temores con los que se encuentran los misioneros en una situación así. Tal vez omitió a uno, tal vez no oró al que podría haberle hecho daño, así que invariablemente, con todos sus altares y sus ídolos, tenía un altar al final: "A un dios desconocido", de modo que no importa cuál hubiera pasado por alto, podría decir: "Bueno, en realidad lo mencioné, ése eras tú".

¿Ve la situación? Esto no es tan primitivo como podría pensar. Recuerdo un irlandés que me mostró una lista impresa que había recibido de 180 santos a los que debía orar, y al lado de cada nombre estaba el problema que debía llevar a ese santo: uno cada vez que entraba en el coche, otro cada vez que tenía dolor de muela. El pobre hombre estaba perplejo, y con razón. Decirle que todo lo que tenía que hacer era ir al único Dios a través de Jesús con cada problema que tuviera fue una noticia simplemente maravillosa.

Hay quienes creen en muchos dioses, y hay religiones que creen en solo dos. Una religión en la antigua Persia fue llamada zoroastrismo por su fundador, un hombre llamado Zoroastro. Él enseñaba que había dos dioses, uno un buen dios y el otro un dios malo, y que los dos son iguales en fortaleza, que luchan entre sí. La enfermedad de una persona viene de un dios, y la salud, del otro. De nuevo, era una situación incierta, así que uno se preguntaba: "¿Irá a ganar ese hoy, o el otro? Bueno, ese ganó ayer, así que me pregunto si este ganará hoy". Uno se sentía tironeado entre dos partes. A ese mundo llegaron los judíos con un resonante mensaje de esperanza: "Oye, Israel, el Señor nuestro Dios, el Señor es uno". Era una gran noticia para el mundo.

Los judíos aún lo consideran el mayor tesoro del mundo, la creencia en un único Dios. Recorre todo el Antiguo Testamento. Pero no alcanza con creer en un único Dios. Eso no lo salva. La creencia en un único Dios no es suficiente en sí mismo. Me encuentro con muchas personas que conozco que pertenecen a una iglesia y dicen: "No quiero que pienses que no creo en Dios. Creo en un Dios". Ellos creen en un dios. Toman eso de la fe cristiana que ha sido predicada en esta tierra durante casi dos mil años. Pero se necesita más. Ellos creen que existe un dios. Está perfecto. Pero, un momento: hay otras religiones que creen en un dios. Viví en Arabia tres años, donde la religión mayoritaria es el islam. Es significativo que esta es la única religión importante del mundo que comenzó después de Cristo y llegó a creer que hay una única deidad, pero no salva al musulmán.

Además, el Nuevo Testamento dice lo siguiente: "¿Tú crees que hay un solo Dios?", dice Santiago, "¡Magnífico! También los demonios creen, y tiemblan".

Volvemos otra vez al Nuevo Testamento. "Escucha, Israel: El Señor nuestro Dios es el único Señor" aparece citado tanto en el Antiguo Testamento como en el Nuevo. Ahora apareció algo que sacudió bastante a ese pueblo. Mientras leemos los relatos de los Evangelios ocurre algo extraño con nuestra fe en Dios como uno. La gran pregunta de los Evangelios es: "¿Quién es Jesús? ¿Qué es?". Se rascan la cabeza y dicen que es un hombre. Bien, podemos verlo. Es un hombre real, un hombre asombroso. También podemos verlo. "¿Qué clase de hombre es éste, que hasta los vientos y las olas le obedecen?".

Sus enemigos vieron la verdad antes que sus amigos, y

sus enemigos dijeron: "Blasfemia, blasfemia". Podían ver adónde apuntaba, pero recién el día de la resurrección (o una semana después) uno de los doce discípulos, el mayor incrédulo y escéptico de todos, usó una palabra de Jesús como judío que era extraordinaria. Dijo: "Mi Señor y mi Dios".

He aquí el problema: dos personas han sido mencionadas ahora, y para distinguirlas debemos darles nombres diferentes. Porque si Jesús era Dios, debe haber otro Dios, porque él oró a él, y estaba cuidando el mundo mientras él estaba en la tierra. Sabemos acerca de Dios el Padre y Dios el Hijo. Pero antes de que Jesús dejara a los discípulos, dijo que vendría una tercera persona: "Cuando vuelva al Padre, oraré y él enviará a otro para cuidarlos". Cuando entramos en Hechos ciertamente tenemos una tercera persona divina, como el Hijo porque enseña y consuela, pero que lleva un nombre diferente. Ahora tenemos la verdad asombrosa: que Dios es tres.

Hechos nos dice que Dios es tres, y a lo largo de las epístolas es tres. Está en este texto conocido: "Que la gracia del Señor Jesucristo, el amor de Dios y la comunión del Espíritu Santo sean con todos ustedes". Pedro, escribiendo a cristianos, los saluda de la siguiente forma: "Elegidos... según la previsión de Dios el Padre, mediante la obra santificadora del Espíritu, para obedecer a Jesucristo y ser redimidos por su sangre".

Si ese fuera todo el cuadro, sería comparativamente sencillo. Uno escogería creer el Antiguo Testamento y decir: "Dios es uno" o escogería creer el Nuevo, y decir: "Dios es tres". ¿Tenemos que elegir entre los dos, o podría ser que ambos tienen razón y que ambos son la verdad? La respuesta es que no solo podrían ser verdaderos, sino que lo son.

¿Alguna vez dice el Antiguo Testamento que Dios es más que uno? Sí. Anteriormente en el libro tomé los nombres de

Dios. Le di el nombre "Dios", y le di el nombre "Señor", y le dije un hecho notable: el nombre "Dios" es usado doscientos cincuenta veces en singular, "Dios", pero dos mil veces en el Antiguo Testamento se usa en plural: "Dioses".

"En el principio Dios dijeron" o "Dioses crearon". De una punta a otra, en una proporción de ocho a uno, el nombre de Dios es "Dioses". O tome el nombre "Señor". Treinta veces en el Antiguo Testamento la palabra "Señor" está en singular, pero trescientas veces está en plural: "Señores". Volvamos a lo que dijo Moisés: "Escucha, Israel: El Señor nuestro Dios es el único Señor". Aun mientras les decía que Dios era uno, les dijo que era más de uno. Asombroso, y los judíos al día de hoy tienen un velo sobre sus rostros, y no pueden verlo.

Pueden leer el Antiguo Testamento: "Y Dios dijo: '*Hagamos* al hombre a *nuestra* imagen'", y aun no lo pueden ver en sus propias escrituras. Dios dijo, en Génesis 3: "El ser humano ha llegado a ser como uno de *nosotros*," y aún no lo pueden ver. Hasta la palabra "uno" es interesante. Hay dos palabras para "uno" en el idioma hebreo. Una significa una única cosa cuando está sola y la otra siempre es lo que llamamos una "palabra compuesta", que significa más de uno. ¿Alguna vez dice el Antiguo Testamento que hay tres? Sí, tenemos al profeta Isaías que describe al Mesías que vendrá. Pone palabras en la boca del Mesías por inspiración, y dice lo siguiente: "Y ahora el Señor omnipotente me ha enviado con su Espíritu", y todavía los judíos lo leen y no lo pueden ver. Así que, si bien es cierto que el Antiguo Testamento habla de la unidad de Dios, oculto en su interior, para cualquiera que tenga ojos para ver, está la Trinidad. Ahora vea lo que he hecho. He dicho que el Nuevo Testamento enseña que Dios es tres, pero cuando miro detenidamente de nuevo el Nuevo Testamento encuentro que también enseña que Dios es uno. Vino un día un escriba a Jesús y dijo: "¿Cuál es el mayor mandamiento?", y Jesús dijo: "Oye, Israel. El Señor nuestro Dios es el único Señor. Ama al Señor tu Dios con todo tu corazón, con toda tu alma, con toda tu mente y con todas tus fuerzas". El escriba dijo: "Bien dicho, Maestro. Tienes razón al decir que Dios es uno solo y que no hay otro fuera de él", y Jesús no discutió con él.

Escuche Mateo 28, donde Jesús dice a los discípulos: "Vayan al mundo, bautizando en el nombre…", no los *nombres* sino el *nombre* del Padre y del Hijo y del Espíritu Santo". Un nombre. Piense en Pablo, hablando de la carne ofrecida a los ídolos en 1 Corintios 8, donde dice que hay un Dios.

Ahora vayamos al Lugar Santísimo, a Juan 17, a la propia vida de oración de nuestro Señor, y veámoslo en la noche antes de morir, orando. Ora: "Quiero que los discípulos sean uno. Quiero que estén unidos… Que todos sean uno, así *como nosotros somos uno*". A lo largo de toda la oración tiene el "nosotros" de Génesis 1 de nuevo: "nosotros". Este es Jesucristo hablando a su Padre.

Dicho sea de paso, Juan 17 es usado ahora a menudo para presionarnos a todos a una unidad de la iglesia, pero *la unidad por la que oró Cristo es el tipo de unidad que él tenía con el Padre*. Es una unidad de pensamientos, de modo que ambos piensan lo mismo. Es una unidad de palabras, de modo que ambos dicen lo mismo. Es una unidad de acción, de modo que hacen cosas idénticas, y lo que uno hace es complementario de lo que hace el otro. Es, sobre todo, una unidad de naturaleza y de Espíritu, y todo intento de crear una unidad artificial que no es esa clase de unidad es un sustituto terrible de la cosa real. Jesús oró también para que ellos puedan estar *en nosotros*.

Ahora lo hemos visto, ¿no es cierto? El Antiguo Testamento enfatiza su unidad, pero no excluye su Trinidad. El Nuevo Testamento enfatiza su Trinidad, pero no excluye su unidad. Cuando uno estas dos cosas quedo perdido de asombro, amor y alabanza, y solo me queda decir: "Dios, tú eres tres y eres uno. No lo entiendo y no puedo explicarlo, pero sé que es cierto, y sé que es mi fe y me ato hoy al fuerte nombre de la Trinidad.

Finalmente, hay tres formas en las que usted podría llegar a creer en la Trinidad. Posiblemente a través de la *explicación*, pero lo dudo. Está más allá de lo que puedo explicar. He escuchado decir a personas decir que es como la raíz, el tronco y las ramas de un árbol, pero eso no lo explica, porque sigue siendo un árbol, no tres árboles en uno. Algunos han dicho que es "como tener un cuerpo, una mente y un espíritu", pero no lo es. Sigue siendo una persona, no tres personas en uno.

Lo más cerca que pude llegar sería hablar de un matrimonio, porque en Génesis 2 dice que un hombre dejará a su padre y a su madre, y se unirá a su mujer y se convertirán en una carne. La palabra "uno" allí es una palabra compuesta, y es la misma palabra usada de Dios en uno: dos personas que se convierten en una carne, dos que se hacen uno. ¿Podemos agregar a una tercera persona y comenzar a ver que tres en uno es cómo es Dios?

Uno podría llegar a esto mediante una explicación, pero dudo que sea probable. Podría llegar a creerlo debido a una *exposición*. He tratado de exponer la Palabra de Dios a usted y mostrarle que se encuentra ahí, y eso puede haberlo convencido, tal vez más de lo que estaba convencido antes, que éste es su Dios. Pero hay una tercera forma, y es la forma en que llegaron los apóstoles y es la forma que en última instancia desarrollará su fe: es el camino de la *experiencia*.

¿Cómo llega uno a una creencia trinitaria mediante la experiencia? ¿Notó el orden en el cual la Trinidad es mencionada en la "gracia"? La primera persona de la Trinidad no es mencionada primero, sino la segunda: "La gracia de nuestro Señor Jesús…" Muchas personas creen en un Dios, pero un día, por la *gracia* de Dios, llegamos al punto en que nos damos cuenta de que Jesús vino para salvarnos. Aunque éramos completamente repugnantes para Dios, Jesús vino y nos encontró para compartir su amor y misericordia. Jesús murió en la cruz por mí, y sufrió la muerte de un criminal infame para salvarme para la vida eterna.

Cuando uno llega a la *gracia* del Señor Jesús, usted dice: "Solo Dios podría haber hecho eso", y ha encontrado a la *segunda* persona. Entonces comienza a preguntare: ¿quién envió a Jesús? ¿Por qué ocurrió todo? ¿Quién lo pensó? ¿Quién lo planeó? Comienza a descubrir *el amor de Dios*. No llega al amor de Dios primero, sino llega a la gracia de Dios primero, y a través de ese amor llega al Padre y encuentra el amor de Dios, y ha encontrado la primera persona.

Luego descubre que usted no es la única persona a la que le ha pasado esto, y descubre que hay otras personas que han encontrado la *gracia* d Jesucristo y el *amor* de Dios, y encuentra que usted nació de nuevo, y que nació en una familia, y encuentra que cuando se encuentra con las otras personas, el Espíritu Santo se vuelve real en su experiencia, y ha encontrado a la tercera persona. Sin embargo, usted sabe que, aunque ha encontrado tres personas, son tan uno que difícilmente puede distinguirlas, y a veces no sabe bien a quién está orando. El Espíritu Santo parece el Espíritu de Dios, y el Espíritu de Cristo, y usted se encuentra tomado por él, ha experimentado la Trinidad, y ahora puede decir que es de usted.

Un comentario final. Me ha ayudado a distinguir entre su "trinidad" y su "unidad". Él es tres *personas*, no una persona. Cada una tiene su propio centro de conciencia, sabiendo que no es ninguna de las otras dos personas. Así que pueden conversar entre ellas, y obviamente lo hacen. Pero comparten *una naturaleza*, y piensan, sienten, actúan y reaccionan de la misma forma. Trabajan juntas en perfecta cooperación para nuestra creación y redención, donde cada una hace su propia contribución. Ni siquiera Satanás pudo dividirlos, aunque lo intentó bastante.

¡Alabado sea Dios la santa trinidad!

9

VENGANZA, IRA[19]

Al empezar este estudio, le pido que lea primero Romanos capítulo 1. Ayuda a nuestro entendimiento cuando consideramos este aspecto del carácter de Dios. Romanos 1 es un pasaje muy serio, pero es el principio del evangelio. El canónigo Max Warren escribió un libro sobre el significado de la cruz, y el primer capítulo llevaba como título *Las buenas nuevas de la ira de Dios*. Es un encabezado asombroso, pero es correcto: la ira de Dios es el principio del evangelio.

En Romanos 12:19 tenemos estas palabras: "No tomen venganza, hermanos míos, sino dejen el castigo en las manos de Dios, porque está escrito: 'Mía es la venganza; yo pagaré', dice el Señor". Si alguien quiere saber qué resultado práctico tendrá de estudiar este aspecto del carácter de Dios, es éste: nunca intentará vengarse personalmente de nadie por lo que le ha hecho. Aprenderá a dejar que Dios le pague. Esta es una lección tremenda que debemos aprender.

Pero hay otras lecciones profundas relacionadas con nosotros, y no solo con nuestras relaciones con otras personas. Es absolutamente vital que no solo enfrentemos esta realidad, sino que encontremos la forma de escapar de ella. John Bunyan, escribiendo ese famoso libro *El progreso del peregrino*, comenzó la historia con un hombre al que se le entregó un pedazo de un pergamino sobre el cual estaban escritas solo estas palabras: "Huye de la ira venidera".

Fue esto que dio inicio a la búsqueda del hombre de la ciudad celestial. Una de las dificultades hoy se debe a que esta verdad no se enseña adecuadamente. Los cristianos comienzan la vida cristiana sin leer ese pedazo de pergamino, y el resultado es lo que llamaría "mini cristianos" que no tienen una gratitud lo suficientemente grande hacia Dios por todo de lo que los ha salvado. Por lo tanto, no lo aman mucho porque no se dan cuenta cuánto han sido perdonados. Pero tanto las palabras "venganza" como "ira" están saliendo de moda.

Permítame tomar primero la palabra "venganza", o su equivalente moderno inglés-español, "retribución". Es muy interesante que, en toda la discusión que se produjo en el siglo XX relacionada con la reforma carcelaria, y particularmente en el debate y la discusión sobre la pena capital, el argumento no se centró en esta idea, como debería haber ocurrido. Hay tres razones por las que alguien puede ser castigado judicialmente. Una, es reforma. Se espera que, al castigar a la persona, dará vuelta a la hoja y no volverá a hacerlo. La segunda es disuasión. Se espera que, porque existe la posibilidad de ser castigado, un ofensor potencial no cometerá el crimen. La tercera es retribución. Alguien ha hecho algo malo, así que merece sufrir.

Por supuesto, la pena capital no puede reformar de ninguna forma a una persona. Si ejecuta a alguien no puede hacer nada con la persona después. Personalmente, no siento que hay ninguna disuasión en la pena capital. Las cifras demuestran que los países de Europa sin la pena capital tenían aproximadamente la misma cantidad de asesinatos que los que la tenían. El verdadero asunto, cuando discutimos la pena capital, era la retribución, pero los argumentos presentados evitaron cuidadosamente ese principio.

La gran pregunta es ésta: ¿es la venganza o la retribución algo correcto o incorrecto? Esa debería ser la base desde la cual nos aproximemos al tema. ¿Y la palabra "ira"? En estos días la ira es considerada como una debilidad de carácter. En días de discusiones locuaces y tranquilas en la televisión, un hombre que demuestra una pasión profunda es sospechoso, un neurótico, un inadaptado social. Cuando leemos la palabra "ira", decimos instintivamente: "Bueno, esa no es la reacción normal y madura de carácter". Una persona madura se mantiene calmada, tranquila y compuesta.

¿Son incorrectas en sí mismas la venganza y la ira? ¿O solo las consideramos incorrectas porque no somos capaces de ejercerlas correctamente? Permítame decir de entrada que la venganza y la ira en los seres humanos son incorrectas por lo general, porque somos bastante incapaces de cualquiera de ellos mientras mantenemos el autocontrol. Si nos vengamos, perdemos los estribos. Por lo tanto, la Biblia dice: "Nunca se venguen". No es seguro para nosotros. Nunca se venguen, nunca peguen al otro sujeto que le pegó a usted, porque no es seguro para usted. Nunca. Es una orden fuerte.

La Biblia también dice que nunca debemos acostarnos con ira el en corazón. "Nunca permitan que el enojo les dure hasta la puesta del sol". Si está enojado con alguien, arréglelo antes de acostarse, porque si no tendrá una mala noche por una mala conciencia. También dice: "La ira humana no produce la vida justa que Dios quiere". Por lo tanto, se nos dice que debemos perdonar a nuestros hermanos setenta veces siete, que debemos dar vuelta la mejilla si alguien nos golpea, y que no debemos aplicar la regla "ojo por ojo, diente por diente" a nuestras relaciones personales.

Pero si la venganza y la ira son malas en el ser humano, no están mal en un ser *santo*. Es eso lo que nos dice la Biblia. El Único en el universo que puede ejercer cualquiera de ellos de manera segura es el Dios santo. Cuando pasamos a estudiar a Dios, encontramos que nos dice que no nos venguemos, sino que debemos dejárselo a él. Si tu enemigo tiene hambre, dale de comer. Si tiene sed, dale de beber. Dios puede devolverle todo lo que te ha hecho.

Cuando otras naciones estaban destruyendo a los judíos, el mensaje de Dios fue: "Yo traeré venganza. Anímense. Yo pagaré. Ustedes no tienen que intentar. Yo trataré con estas personas".

Cada vez que nos vemos tentados a pegar a alguien y devolver mal por mal, debemos dejárselo a Dios. *En otras palabras, aquí hay algo que se nos dice que no debemos hacer que Dios hace, lo cual es extraordinario.*

Nuestra actitud hacia nuestros enemigos no debe ser la actitud de Dios hacia nuestros enemigos. En otras palabras, no somos confiables en cuanto a vengarnos. Dios sí, y él se vengará. ¿Por qué? *Porque Dios está en control perfecto de sí mismo, y su venganza e ira serán absolutamente justos y equitativos.*

¿Quiere que le dé un ejemplo de cuán injustos nos hemos vuelto? Cuando estamos enojados con alguien, por lo general nos descargamos con otra persona, ¿no es cierto? Usted tuvo problemas con su jefe en el trabajo, y está tremendamente enojado con él, con ira en su corazón. ¿Quién sufre como consecuencia? ¿Su esposa, cuando llega a casa, tal vez? ¿Es justo? ¿Es equitativo? Muy frecuentemente nuestra venganza va más allá de lo que recibimos de la persona, o lastima a otra persona.

Lamec dijo: "Maté a un hombre por haberme herido, y un muchacho por golpearme". Nuestra venganza tiende a salirse de control muy rápidamente, pero la venganza de Dios nunca hace eso. Ahora, tan pronto digo que Dios es un Dios de venganza y de ira, algunas personas tienen un sentido de tremenda desilusión y hasta consternación, y dicen: "Pero este no es el Dios cristiano, ¿no es cierto?". Un hombre llamado Marción dijo, hace muchos siglos: "Ese es el Dios del Antiguo Testamento". Dijo: "Los cristianos no deberían estudiar el Antiguo Testamento, porque está demasiado lleno de venganza y de ira". Así que eliminó el

Antiguo Testamento. Pronto encontró que, cuando estudió el Nuevo Testamento, tenía que eliminar bastante. Tuvo que eliminar el libro de Apocalipsis, para empezar. Pero luego encontró que tuvo que sacar partes del Evangelio de Juan y, para cuando terminó se había quedado con muy poco. Ahora bien, Marción no fue la última persona en hacer esta clase de cosa. Tal vez usted no lo haga con tijeras. Puede hacerlo mentalmente al no leer ciertas partes de la Biblia, pero no queda suficiente como para una visión *magnificada* de Dios, una visión lo suficientemente grande de Dios.

Entonces, ¿por qué reaccionamos ante estas dos verdades? Podría ser debido a nuestras ideas humanas de la ira, pero pensaría que se debe también a nuestras ideas humanas del amor, que no tienen lugar para estas cosas, y eso es culpa de nuestra concepción inadecuada del amor. Cuando predico acerca del amor de Dios, siempre pongo un adjetivo delante de la palabra "amor" deliberadamente, de modo que no tenga la idea de que, cuando digo "amor" estoy hablando del amor humano magnificado. Por lo general pongo el adjetivo "santo" delante. *El amor de Dios es un amor santo.*

Dado que hay muy pocas personas santas en la tierra, usted no obtendrá la idea del amor de Dios del amor humano. Debe tomar sus ideas del amor humano del amor de Dios. Ese sería un orden mejor. La prueba final para todas nuestras ideas de Dios es si Jesús era así. Estoy completamente de acuerdo con quienes dicen que no aceptarán algo del Antiguo Testamento que sea incompatible con Jesús. Personalmente, he encontrado que todo lo que está en el Antiguo Testamento es compatible con Jesús. Por eso lo acepto. No creería que Dios es un Dios de venganza y de ira a menos que Jesús fuera una persona así.

Como decía el niño, "Dios es Jesús en todas partes". No sé qué opinarían los teólogos de eso, pero es una gran descripción. Dios es Jesús en todas partes. Entonces, ¿cómo era Jesús con relación a estas dos cosas? Entiendo que usted estará de acuerdo en que las parábolas de Jesús acerca del reino de Dios nos dicen cómo es Dios. Ya sea el padre con sus dos hijos, o el dueño del viñedo, está hablando de Dios.

Permítame tomar dos parábolas al azar. Considere primero la parábola de la fiesta de bodas. ¿Sabe lo que pasó con las personas que rehusaron ir a la fiesta de bodas? El rey se enojó y envió tropas para destruir los hombres y la ciudad. Mateo 22. Esa es la enseñanza de Jesús. Otra parábola es la del siervo despiadado. En su ira, el amo lo entregó a los atormentadores hasta que todo fuera pagado.

Ahora bien, usted podría decir: "Bueno, esos son detalles en una historia, y no puede fijarse en cada detalle de la historia". Pero Jesús dijo: "El que cree en el Hijo [Jesús] tiene vida eterna, pero el que rechaza al Hijo no sabrá lo que es esa vida, sino que permanecerá bajo el castigo de Dios" (Juan 3:36). La totalidad del Evangelio de Juan es el evangelio. Uno no puede escoger lo que prefiere.

Pero, ¿y las acciones de Jesús? ¿Mostró ira en sus acciones? No se enojaba frecuentemente. Eso lo hacía diferente de nosotros. Pero cuando se enojaba, se enojaba. Hay solo cinco ocasiones registradas en los Evangelios en las que Jesús se enojó. Una fue cuando un hombre con una mano tullida fue sanado en la sinagoga un día de reposo. Los líderes estaban enojados por lo que había ocurrido, y era perturbador para sus ideas y para el culto. Jesús miró a su alrededor y a ellos con ira. ¡Sí que estaba enojado! Decían que estaba trabajando en un día de reposo.

En otra ocasión, Jesús fue al templo, que debía ser una casa de oración, y había una parte del templo reservado para las personas de afuera, los gentiles. Debido a que la casa de Dios debía ser una casa de oración para todas las naciones, cualquiera podía acudir a él, así que había un patio para los gentiles. Cuando entró Jesús, estaba lleno de personas comprando y vendiendo animales y cambiando dinero para que pudieran tener la moneda del templo y pagar el impuesto del templo. Era un simple bazar comercial, y nadie podría haber orado en ese ambiente.

Como habían llenado el patio de los gentiles con esto, ninguna persona de afuera podría entrar en ese lugar para orar, porque no podían ir la parte tranquila. Lo guardaban para los sacerdotes judíos. Cuando Jesús vio esto se enojó muchísimo. Consiguió un látigo y sacó a esos hombres del templo a latigazos. Ese es Jesús. Ningún Jesús "manso y benigno" aquí. Volcó las mesas de los cambistas y les dijo: "¡Fuera! Esta es la casa de mi Padre".

Para aplicarlo personalmente hoy, cada vez que en una iglesia las personas de afuera sienten que no pueden venir a orar con el pueblo de Dios, estoy bastante seguro de que el Señor Jesús está enojado. Él quería que fuéramos una iglesia abierta a todos, para que pudieran venir y sentir: "Tengo un lugar para orar aquí".

Esa es la ira de Jesús. Así que yo diría que la ira que mostró más adelante cuando maldijo una higuera que luego murió es la ira de Dios que aparece en Jesucristo.

Vamos a otra pregunta: ¿Qué hace que Dios se enoje? ¿Por qué viene su ira sobre los hombres? Según mi lectura del Nuevo Testamento, hay solo dos cosas que hacen enojar a Dios, y uno puede relacionar todo lo demás a esas dos cosas. Por un lado, está la *inmoralidad* y, por el otro, la *idolatría*. O, en otras palabras, hay quienes se tratan a sí mismos y a los demás seres humanos de una forma incorrecta, y quienes tratan a Dios de una forma incorrecta. Dios nos creó para que lo amáramos con todo nuestro corazón y alma y mente y fuerza, y para que amáramos a nuestros prójimos como a nosotros mismos. Cada vez que hacemos algo para adorar a una criatura en vez del Creador, es lo que la Biblia llama idolatría. No necesita un pequeño dios de madera o piedra en su corazón. Solo necesita posesiones que adora y por los que vive.

La codicia es idolatría, según el Nuevo Testamento. Para la inmoralidad, usted no tiene que hacer la clase de cosas que aparecen en el diario del domingo. Solo tiene que ser chismoso. Aparece listado en Romanos 1, bajo inmoralidad, porque está rompiendo su amor por su prójimo al chismorrear acerca de él. Estas dos cosas hacen enojar a Dios. Con razón Pablo dice en una de sus cartas: "Éramos por naturaleza objeto de la ira de Dios". Porque usted y yo hemos roto esas dos relaciones y merecemos vivamente la ira de Dios.

La siguiente pregunta es: ¿Cómo demuestra Dios que está enojado? A medida que usted me conozca, se dará cuenta cuándo estoy enojado. Tal vea porque tiemblo, o digo palabras de manera descontrolada. Uno sabe cuándo una persona está enojada. Se da cuenta. ¿Cómo se da cuenta cuando Dios está enojado? ¿Cómo se evidencia? No podemos mirar su rostro; no podemos verlo. No podemos escuchar que dice cosas. No podemos escucharlo.

La Biblia distingue en cómo Dios muestra su ira *hoy* y cómo la mostrará en *el día de su ira*. Permítame tratar primero con la forma en que muestra su ira ahora. Lo hace mediante dos cosas: *quitando restricciones internas* a las personas e *imponiendo restricciones externas* sobre ellas. Esto es un proceso que revela la ira de Dios sobre la sociedad humana.

Creo que Gran Bretaña está revelando estas dos tendencias en este momento. Si quiere verificarlo, lea Romanos 1 nuevamente, y mire las noticias nacionales e internacionales. *Cuando los hombres abandonan a Dios, Dios los abandona a sí mismos*. Deja de hablarles a través de su conciencia; deja de restringirlos. Dice: "Está bien, hagan lo que quieran hacer, si no quieren que los ayude a vivir una buena vida. Los dejaré vivir la clase de vida que realmente vivirían sin mi ayuda, para mostrar qué clase de personas son realmente. Sacaré las restricciones, quitaré la voz de la conciencia. Hagan los que les parezca". Encontrará que sus mentes entonces se vuelven pervertidos y no pueden pensar bien, no pueden aceptar la verdad. Intentan deliberadamente malentender. ¿Alguna vez intentó convencer a alguien de la verdad de Dios que está viviendo así? No puede entender. Parece que aun si contesta sus preguntas tienen otras, y no tienen ningún deseo de entender. Sus mentes están entenebrecidas y Dios ha dejado ir sus mentes porque pensaron que podían pensar sin él. Sus cuerpos se volvieron pervertidos y aun la relación entre hombres y mujeres se arruina, y los hombres hacen cosas innombrables con hombres.

Esta es nuestra sociedad. Esto es lo que está ocurriendo a nuestro alrededor. Si Dios solo mostrara su ira de esta forma, la sociedad se caería a pedazos, pero también señalé que *su ira hoy se muestra imponiendo restricciones externas*. En otras palabras, Dios dice: "Quito las restricciones internas. Puedes hacer lo que quieras, pero en vez de detenerte desde adentro de detendré desde afuera". Uno tiene que leer Romanos 13. La policía es descrita en la Biblia como el instrumento de la ira de Dios para restringir al malvado. Pero en vez de que la policía se convierta en amiga del público, se convertirán en el enemigo del público en este contexto.

Ahora, ¿no es pertinente esto a lo que está leyendo en la prensa? ¿No es pertinente a cómo los oficiales de policía se están sintiendo hoy? ¿No es pertinente a toda la estructura social en la que vivimos? Dios está diciendo: "Quito las restricciones internas, pero seguiré controlándolos, pero tendré que controlarlos desde afuera". Creo que no pasará mucho tiempo antes que más policías en el país tengan que estar armados, como ya ocurre con algunos. Si Gran Bretaña renuncia a Dios tendrá que enfrentar la penalidad de que

Dios renuncia a Gran Bretaña. Esto es su ira. Aparece en los medios de noticias.

Somos un país que tiene una iglesia y una capilla al alcance de todos. Somos un país que hemos tenido el evangelio casi dos mil años. Nos lo trajeron los soldados romanos originalmente. El primer mártir de esta tierra fue San Albano, un soldado romano por el cual se nombró una ciudad. Hemos tenido la Biblia en nuestro propio idioma. Tenemos una gran cantidad de traducciones de la Palabra de Dios.

Sin embargo, calculo que menos del 2 por ciento de los habitantes conocen a Jesucristo como Salvador y Señor. Es aproximadamente la cantidad de personas que realmente pueden decirle "Yo creo". Sé que muchos más aparecen en Navidad y en Pascua. Sé que la mayoría tendrá un pastor para enterrarlos o cremarlos. ¿Qué significa? La pregunta es: ¿Hemos renunciado a Dios de lunes a sábado, además del domingo?

Vayamos al futuro ahora. De lo que le he dicho, debe ser consciente ahora de que Dios está enojado con nuestro país, pero el mundo no se da cuenta de esto. Vendrá un día en que el mundo verá que Dios está enojado. Está relacionado con la segunda visita de Cristo a este mundo. Cuando lo vean, verán un rostro casi idéntico al rostro que vieron los cambistas judíos ese día en el templo.

Permítame darle mayormente las propias palabras de Cristo para esto, porque es tan serio que no me atrevería a darle lo que yo pienso. Un día la ira de Dios estallará sobre este mundo. Está descrito de manera vívida en el libro de Apocalipsis. ¿Notó cuántas personas se rehúsan a leer ese libro y dicen: "No se puede entender"? ¿Ha notado que las personas casi intentan malentenderlo, y por lo tanto lo descartan, porque es el único libro que nos dice esto? Bajo las imágenes de los siete sellos, las siete trompetas y las siete copas, descritas como copas de ira, tenemos un cuadro muy claro de ese día. ¿Quién dijo que el libro es oscuro? En un lenguaje simple y directo, Apocalipsis describe lo que viene. Describe la forma en que los que quedaron vivos después de la tremenda turbulencia aún rehusaban adorar a Dios. No quisieron renunciar su adoración a demonios ni sus ídolos hechos de oro y plata, bronce, piedra y madera, que no ven, ni escuchan ni caminan. Tampoco cambiaron su mente y su actitud acerca de todos sus asesinatos y brujerías, su inmoralidad y sus robos. Así es el corazón humano: no aprende la lección.

Finalmente, las siete copas de la ira de Dios son vaciadas sobre la tierra. Luego tenemos una descripción de un mar que se congela, fuentes que se contaminan, el sol que quema demasiado, seguido por una oscuridad total, la última guerra mundial, y relámpagos, truenos y granizo, y luego el fin del mundo y el colapso de la civilización. Todos sabrán que Dios está enojado en esos días, y luego todo terminará. Entonces Dios hará un nuevo cielo y una nueva tierra, que serán buenos.

¿Es esto cierto? Lo es. Es el mundo presente que vemos a nuestro alrededor que es el mundo de la fantasía. Este es el mundo escapista, huyendo de este hecho. ¿Cómo puedo demostrarle que estas cosas sucederán? Bueno, tenemos la Palabra de Dios sobre esto, pero si eso no es suficiente hay suficientes pruebas de la historia para decirle que la ira de Dios es real y un día se pondrá al día. Dios no nos envía su factura cada viernes, pero un día pagaremos.

¿Cómo lo demuestro a partir de la historia? Podría hablarle del relato de Noé, y de Sodoma y Gomorra, pero usted lo sabe. Podría contarle la historia del pueblo de Israel mismo. ¿Por qué solo dos hombres entre dos millones entraron en la tierra prometida? La respuesta es que Dios dijo: "Juré en mi ira que no entrarían en mi reposo". Podría mencionar a

Jericó y Babilonia, Nínive, Tiro y Jerusalén mismo. Podría recordarle las palabras de Jesús en la última semana de su ministerio terrenal de que Jerusalén conocería los días de la venganza de Dios. Dijo: "¡Ay de las mujeres que están embarazadas en ese tiempo!". Sería un día terrible, y ese día llegó en 70 d.C. Podría recorrer la historia y señalar a país tras país cuyos líderes se pusieron como dioses y desafiaron a Dios. Podría señalar los finales de esos hombres y países.

Estuve parado afuera de las ruinas de un búnker de Berlín, sabiendo que ahí fue quemado con gasolina el cuerpo del hombre que durante veinte años sumergió al mundo en el sufrimiento. Había dicho que su reino, su Reich, duraría mil años. La historia está llena de la ira de Dios, pero la evidencia que le traeré es, por sorprendente que parezca, la evidencia de la misericordia de Dios, y el lugar donde encontrará un camino de salida de todo esto, y un camino para prepararlo para el gran día que viene: la cruz de Jesucristo.

Si alguien desea una evidencia de la ira de Dios, digo: "¿Por qué Dios le hizo eso a Jesús?". Notará a lo largo del libro de Apocalipsis que la ira de Dios siempre aparece retratada como una copa de vino a ser bebida. "Está pisoteando la cosecha donde se acumulan las uvas de la ira".[20] Y la copa será dada a los hombres para que la beban. ¿Por qué piensa que Jesús oraba con gotas de sangre brotando de su frente: "Si es posible, quita esta copa de mí"? No fue solo una muerte física. ¿Cuál era esta copa que no quería beber? Era la copa de la ira de Dios. La ira de Dios contra el pecado estaría focalizada. ¿Dice el libro de Apocalipsis que un día el sol se apagará y tendremos que vivir en total oscuridad para decirnos que Dios está enojado? Cuando Jesús murió, hubo oscuridad total. No fue un eclipse, porque era en realidad el tiempo de la luna llena, la Pascua, y un eclipse no dura tres horas. El sol se apagó porque Dios estaba enojado. ¿Por qué habría de estar enojado Dios con la única vida perfecta que vivió jamás? No estaba enojado con esa vida, pero he aquí el significado de la cruz: "Al que no cometió pecado alguno, por nosotros Dios lo trató como pecador". De hecho, atrajo toda la ira de Dios sobre sí, y murió diciendo: "Dios mío, Dios mío, ¿por qué me has abandonado?". Pasó por el infierno. ¿Por qué? Le digo, en las palabras de Pablo en Romanos: "Y ahora que hemos sido justificados por su sangre, ¡con cuánta más razón, por medio de él, seremos salvados del castigo de Dios!". Por eso. La ira de Dios fue dirigida a Cristo para que nosotros nunca la enfrentemos. Eso es el evangelio de Jesucristo.

Es ofensivo para las personas que tienen una forma de pensar moderna. Es ofensivo para quienes no creen que la Biblia es la Palabra de Dios. Pero quienes la creen, que como el peregrino de Bunyan toman ese papiro y leen: "Huye de la ira venidera", y luego dicen: "Dime cómo huir", y que finalmente acuden, como hizo el peregrino, a una colina con una cruz encima, que suben la colina mirando la cruz, encuentran que, al hacerlo, la carga de su culpa cae de su espalda y baja rodando por la colina y cae en un sepulcro, y ya no puede verla. Siguen caminando hacia la ciudad celestial. Ellos conocen la respuesta.

Hemos sido salvados de la ira de Dios por la sangre de Jesucristo. No puedo expresarlo de manera más sencilla que esa: toda la ira y la venganza que merezco justamente, Jesús tomó por mí. Nada podría ser más sencillo. Cuando uno cree eso, entonces puede esperar pasar por ese día que viene, hacia un nuevo cielo y una nueva tierra, que serán completamente buenos, igual que usted.

10

X, AÑO, CELO[21]

Tenemos que recordar que la mayoría de nosotros en la mayoría de las congregaciones somos gentiles. Es solo por la bondad de Dios que hemos oído acerca de Jesús, pero desde el inicio mismo Dios llamó a judíos y a gentiles. Los pastores fueron judíos, los sabios eran gentiles, pero se encontraron en la natividad y los judíos y gentiles se unen en este punto. La tragedia es que, en términos generales, los judíos no lo ven y siguen esperando. Dije en la década de 1960 que son los gentiles que deben ir a los judíos y decir: "¿No lo saben? ¿No lo han oído? Ha venido el Mesías". Pero en el último medio siglo las congregaciones de judíos mesiánicos han estado creciendo en muchos países. Un día, los judíos sabrán, como una nación, y será un día muy apasionante.

Las tres letras que quedan son **X**, **Y** y **Z**. En realidad, son las más fáciles. Tomamos la V y la W, la **V**enganza y la ira (*Wrath*) de Dios, y los cristianos piensan en la segunda venida de Cristo para juzgar a los vivos y a los muertos. Piensan en el día de la venganza de Dios y el día de la ira de Cristo que vendrá. Ahora, por lo tanto, la pregunta más fundamental debe ser: "¿Cómo puedo prepararme para ese día?". La respuesta es: x, y, z. Aquí está mi texto: "Porque a Dios le agradó habitar en él con toda su plenitud y, por medio de él, reconciliar consigo todas las cosas, tanto las que están en la tierra como las que están en el cielo, haciendo la paz mediante la sangre que derramó en la cruz" (Colosenses 1:19-20).

La letra **"X"**, en el inglés-español moderno, representa lo que uno no sabe y lo que uno sabe. Por ejemplo, en álgebra lo primero que uno aprende es que la letra "x" representa la cantidad que uno no conoce. Es la cantidad, cifra o factor desconocido. Pero si mira en un mapa y ve una "x", le dice que alguien sabe algo sobre ese punto. Probablemente sea un lugar donde encuentre algo que necesita, tal vez el lugar donde se encuentra el tesoro. Para muchas personas, Dios es el desconocido. Él es la gran "x", el gran Dios que simplemente no conocen. Un estudiante una vez me preguntó luego de dar una charla en una conferencia: "Usted sigue usando la palabra 'Dios'. ¿Qué significa esa palabra?". ¿Qué es Dios? Dios era una "x" para esa persona, lo *desconocido*. Pero para los cristianos "x" marca el punto mismo donde el Dios desconocido se convierte en un Dios que uno puede conocer muy íntimamente.

Usted sabe por supuesto que el Nuevo Testamento fue escrito en el idioma griego. La letra inicial en griego para la palabra "Cristo" (*Christos*) se parece a una "X" en inglés-español, pero se pronuncia más como una "j". En una etapa temprana, esta letra estaba comenzando a significar muchísimo. Representaba una cosa: la letra, el principio de Cristo.

Uno de los primeros símbolos cristianos era un pez. Si usted hubiera visto un pez dibujado apresuradamente en una pared habría sabido que un cristiano había estado por ahí. Era una señal secreta entre cristianos cuando no podían reconocerse abiertamente. Se reunían, y uno trazaba un contorno sencillo con su palo en el polo y ponía un "ojo", y sabían que eran cristianos. ¿Por qué usaron ese símbolo? ¿Qué tiene que ver el pez? Sé que algunos de los discípulos eran pescadores, pero se usaba el pescado porque la palabra griega para pescado era *ICHTHUS*. (La "ch" es una transliteración de la letra griega "chi" que se parece a nuestra

"X"). Usando cada una de las letras de la palabra "pez" para una palabra, lograron algo asombroso. Colgaron la palabra *Iesus* (Jesús) de la primera letra, en griego la "i", y eso, con el resto de las letras que significan "pez", representan: "Jesucristo, Hijo de Dios, Salvador". De esta forma muy elegante tomaban el símbolo del pez y se decían unos a otros: "Creo lo que tú crees, pero no me atrevo a decirlo abiertamente; simplemente dibujaré un pez y tú sabrás que creo en Jesucristo, el Hijo de Dios, nuestro Salvador.

Es un credo maravilloso, y está todo en el "pez". Como una especie de abreviatura del nombre de Cristo tomaban las dos primeras letras y tomaban una "x" que nos parece a nosotros una "p", que es en realidad la letra "r" para ellos, y usaban eso como su símbolo.

Así que sabemos lo que significaba la "X" para los primeros cristianos. No significaba solo lo desconocido o lo conocido. Significaba Cristo. Por eso, al día de hoy, usted puede escribir "Navidad" (*Christmas*) como *"Xmas"* en forma abreviada. Quiero decir que "x" marca el punto donde Dios se reveló en Cristo, y donde puede encontrarse el tesoro. Aunque los sabios trajeron sus tesoros, en realidad estaban buscando un tesoro, y lo encontraron en Belén.

¿Qué tiene Cristo que lo hace tan importante para los cristianos? ¿Por qué hablamos de nuestra religión como *crist*ianismo? ¿Por qué nos llamamos *crist*ianos? Porque hay dos hechos acerca de Cristo que hacen que sea la persona más importante de toda la historia.

Como dice Juan, si alguien escribiera todo lo que pudiera escribirse acerca de Cristo, el mundo mismo no podría contener los libros. Cuanto más grande el hombre, más libros uno puede escribir acerca de él. Pero hay dos hechos básicos acerca de Cristo que usted necesita saber para comenzar a creer. Primero, en su vida trajo Dios al hombre. Segundo, en su muerte trajo el hombre a Dios. Aquí están los dos lados básicos de lo que se propuso hacer, y lo hizo. En Cristo, Dios es traído al hombre en su vida, y esa vida es continuada desde la resurrección, como sabemos. Y, en la muerte, trajo a los hombres a Dios.

Una vez escuché decir a un agnóstico: "No puedo creer que Dios es una persona si no tiene cuerpo". El hombre estaba diciendo que no podía pensar en una *persona* sin un cuerpo. Así que no podía pensar que Dios es un "él", aunque podría pensar que Dios es un "ello". Para muchas personas, la palabra "Dios" en realidad solo significa "ello"; *algo*, algún poder detrás del universo, pero decir "él" significa una persona. El agnóstico dijo: "Simplemente no puedo ver eso. Si Dios tuviera un cuerpo como el mío, podría creer que es una persona". Lo cual plantea la pregunta: ¿alguna vez podría meter a Dios dentro de un cuerpo humano? ¿Alguna vez podría tomar al Dios de todo el universo y reducirlo a ese tamaño?

Hay tres respuestas que las personas han dado a esto. Hay un grupo que dice que Dios no puede ser encontrado en *ninguno*. Uno nunca podría encontrar a un Dios que podría ser lo suficiente pequeño como para meterse en un hombre, así que nunca encontrará esto. Un segundo grupo dice que uno puede encontrar a Dios en cada hombre. Me he encontrado con personas que creen esto, y enseñan que, en realidad, si uno mira en su interior, encontrará a Dios, porque Dios está en *todos*. Pero uno termina con una sensación muy similar a mirar dentro de un pozo y ver su propio reflejo. Termina con sus propios sentimientos religiosos. Uno no encuentra a Dios de esa forma.

Dios no es hallado en *ninguno* y no es hallado en *todos*. La fe cristiana se encuentra en *un* hombre, llamado Jesucristo. Ahora note lo que dice el texto: que la totalidad de Dios, todo de Dios o, en palabras de la Biblia, la plenitud de la deidad, realmente habitó en Jesús corporalmente.

Por primera vez, Dios era realmente *conocible*. Antes de eso, los hombres y las mujeres tenían un sentido de que Dios era difícil de alcanzar. Entonces, ¿cómo llegamos a él? Pero Dios fue contraído a un palmo. Podría decirlo aún más osadamente: Dios llegó a tener unos treinta centímetros cuando el bebé de Belén nació. Piénselo. Cuando María miró la cuna y vio ese bebé de unos treinta centímetros, la plenitud de la deidad estaba habitando corporalmente en él.

Esto es tan asombroso que, si no fuera un cristiano no podría creerlo. Doce discípulos vivieron con él durante tres años y no pudieron creerlo tampoco. Les decía de tanto en tanto quién era, pero no entendieron el mensaje hasta que un día se dieron cuenta. Poco antes de que muriera Jesús, uno de los discípulos, Felipe, le dijo: "Si nos permites ver al Padre una vez, creeremos todo lo que dices acerca de él". Jesús dijo (estoy parafraseando): "Oh, Felipe, ¿cuánto tiempo tendré que estar con ustedes? He estado con ustedes tres años, ¿y aún no has visto a Dios? ¿No te das cuenta de que, si me miras a mí, estás mirando a Dios? ¿No te das cuenta de que, si me ves a mí, has visto al Padre?". Felipe no se dio cuenta, pero solo unos días después, uno de los otros discípulos, el más escéptico de todos, diría a Jesús: "¡Mi Señor y mi Dios!". Vio que Jesús es Dios en un cuerpo humano, un Dios que podemos llegar a conocer.

Las mentes de muchas personas no pueden manejar un Dios eterno, así que hacen la pregunta tonta: "¿quién hizo a Dios?", porque les cuesta entender la idea de que nunca necesitó ser hecho, que siempre ha estado allí. Pero Dios vino en Cristo, así que comenzamos a ver cómo es. Dios está al alcance, no solo de nuestras manos sino de nuestras mentes. No solo podemos tocarlo, sino podemos entender algo acerca de él. Esto es la cosa más gloriosa, así que el cristiano marca con una "X" el lugar donde Dios puede ser encontrado en Jesucristo, y yo diría a las personas: nunca conocerán a Dios hasta que conozcan a Jesús.

Nunca lo conocerá como para hablarle hasta que haya hablado con Jesús. Nunca entenderá lo amable que es Dios hasta que haya probado la amabilidad de Jesús. Nunca conocerá la misericordia de Dios hasta que la haya encontrado en Jesucristo. Todo lo que he explicado hasta ahora, desde la letra "A" hasta la letra "W", lo encontrará en Jesucristo. ¿Creó Dios el mundo? También lo hizo Jesús. Jesús hizo las montañas y los océanos. Jesús hizo el árbol que usaron para colgarlo. Jesús hizo la campiña. Jesús hizo las hojas, el cielo y las nubes. Jesús lo hizo todo. Sin él, nada de lo ha sido hecho fue hecho.

¿Es eterno Dios? También Jesús. ¿Es Dios paternal? Se debe a que Jesús es su Hijo y revela la paternidad de Dios. ¿Es bueno Dios? También lo es Jesús. ¿Es Dios santo? También lo es Jesús. ¿Se indigna Dios por los pecados? También lo hace Jesús. ¿Es Dios justo? También lo es Jesús. ¿Es Dios amable, amoroso y misericordioso? También lo es Jesús.

¿Cuál es el nombre de Dios? ¿Es "Jehová"? No, le mostré cómo Jesús ha reemplazado ese nombre. El orden y la paz y la quietud pueden ser vistos en Jesús cuando duerme en un bote en medio de la tormenta. El reino y la soberanía de Dios pueden ser vistos en el hecho de que Jesús está ahora en el trono, y todos sus enemigos se convertirán en el estrado de sus pies, y toda autoridad en el cielo y en la tierra ha sido entregada a él. La Trinidad y la unidad solo tiene sentido a través de Jesús. La venganza y la ira de Dios serán vistas en Jesús cuando vuelva; la "x" marca el lugar.

Isaías escribió: "La doncella concebirá y dará a luz un hijo, y lo llamará Emanuel" (ver Isaías 7:14). Luego, en el capítulo nueve: "Porque nos ha nacido un niño, se nos ha concedido un hijo; la soberanía reposará sobre sus hombros, y se le darán estos nombres: Consejero admirable, Dios fuerte, Padre eterno..." ¿Sabe lo que dice el versículo siguiente?

"Esto lo llevará a cabo el celo del Señor Todopoderoso". Esta es mi letra "**Z**".

Las fuerzas romanas ocuparon la Tierra Santa, y eran tan poderosas que la personas por lo general cedían ante ellas y aceptaban esta ocupación del enemigo, pero había un movimiento de resistencia de terroristas judíos que intentaron repetidamente echar a los romanos. Eran llamados "zelotes". Se nos dice en la Biblia que debemos mantener nuestro celo espiritual. ¿Qué significa la palabra "celo"? El celo puede verse en incontables misioneros, y en muchos reformadores cristianos que han cambiados las condiciones para los pobres y las personas que están sufriendo.

Celo es ver una situación que está mal y hacer algo al respecto. Dios hizo algo respecto de este mundo de pecadores al enviar a su Hijo. El celo del Señor lo realizó, así que tenemos nuestra letra "**X**" y nuestra letra "**Z**", pero hay algo más. Si alguna vez intenta restaurar una relación rota, deberá hacer dos cosas. Debe reunir a las dos partes, pero no esto no servirá de nada a menos que reconcilie la diferencia entre ellas. En un matrimonio roto, no sirve decir: "Bien, vengan los dos a mi casa el jueves a la noche y los pondré en una habitación y cerraré la puerta con llave, y no los dejaré salir hasta que se pongan de acuerdo". Es algo que podría funcionar en unos pocos casos, pero dudo que funcionaría en muchos casos. Lo que tiene que hacer, luego de reunirlos, es trabajar para quitar la diferencia: *reconciliarlos*.

Los cristianos han tomado como símbolo de su fe una X que está en posición vertical. Sigue siendo una X, y sigue marcando el punto, pero es algo mucho más profundo: la cruz. ¿Alguna vez le llamó la atención que los cristianos son bastante extraordinarios porque tienen como símbolo de su fe un instrumento de ejecución y de tortura? ¿Qué pensaría si estuviera colocada, en la mesa de la comunión, la soga de un verdugo, una horca, y lo tuviéramos como el centro de nuestra fe? ¿Qué pensaría si hubiera un hermoso modelo de una silla eléctrica o de una cámara de gas, o un bloque con un hacha al lado? ¿Qué pensaría realmente? Pensaría: "Estas personas son morbosas". Pero, lamentablemente, como nos hemos familiarizado tanto con la cruz, se nos escapa el horror de ella. Pero es eso lo que es la cruz: algo espantoso. Solo porque nunca la hemos visto realmente que nos atrevemos a usarla como decoración y pensamos que es atractiva en una cadena, una pulsera o un collar. ¿Por qué habrían de darle tanta importancia los cristianos a algo tan espantoso? No es por su forma. Muchas personas parecen pensar que la forma de la cruz es todo lo que necesitamos, así que le dan forma en piedra, en metal o en madera. La forma de la cruz no lo salva. Algunas personas piensan que es la madera de la cruz que la ayuda, y este es el origen de la frase "tocar madera". Espero que usted nunca diga eso, porque es una negación de su fe. A veces digo a alguien: "¿Cómo te sientes hoy?". "Bueno, estoy bien. Toco madera". ¿Por qué tocar madera? Se retrotrae a la Edad Media, lo de tocar la cruz. Es pura superstición. La madera de la cruz no salva. ¿Qué es lo que tiene la cruz que salva, entonces? "Toda la plenitud de la divinidad habita en forma corporal en Cristo" [la X marca el punto] "y, por medio de él, reconciliar consigo todas las cosas, tanto las que están en la tierra como las que están en el cielo, haciendo la paz mediante la sangre que derramó en la cruz". La X marca el punto. En otras palabras, no es la forma de la cruz, no es la madera de la cruz, es la *sangre* de la cruz.

Esta es una de las cosas más ofensivas del cristianismo y, sin embargo, es el secreto. Es la sangre de Jesucristo que salva a las personas. A la gente no le gusta esta idea, se sienten ofendidas por ella. Pero, sin el derramamiento de sangre, esa barrera entre Dios y la humanidad nunca podría haberse tratado.

En una colina fuera del muro de una ciudad donde la cruz marca el punto, Jesús nos salvó mediante la sangre de su cruz. No puedo entenderlo, pero sé que es cierto. Sé que un día, muchos siglos antes, las familias se quedaron en sus hogares tarde una noche y escucharon gritos que venían de la calle porque en cada casa había muerto un bebé. Tal vez era un joven, pero era el que primero había nacido en cada casa. ¿Puede imaginarse lo que sería escuchar lamentos que empezaban al fondo de la calle y que cada vez se acercaban más? Luego escucharlo al lado, que alguien había muerto al lado, y uno espera en silencio, y entonces los llantos comienzan al lado, del otro lado y luego la casa siguiente, y usted sabe que la muerte pasó por encima de usted. ¿Cómo? ¿Qué hizo usted? ¿Cómo impidió que entrara en su casa? Usted hizo una cosa: tomó un poco de sangre de un cordero y lo aplicó al dintel de la puerta.

El color de la sangre es el más difícil para ver a medianoche, pero no era un hombre que lo estaba mirando, sino Dios. Cuando Dios vio esa sangre de Jesús, pasó por encima. Este es el corazón de nuestra fe, y por eso la cruz marca el lugar. Por eso la X se convierte para nosotros en el símbolo más precioso, erecto sobre la tierra. Fue en ese punto que ocurrió esta cosa asombrosa y pudimos ser puesto en una relación correcta con Dios. Jesús murió en la cruz para poder llevar al injusto al justo, el pecador al recto, el hombre malo al Dios bueno, y para reconciliarnos a todos con él a través de la sangre de la cruz.

¿Y la letra "**Y**"? Busqué el origen de la cruz, su causa: el celo del Señor. Ahora miro adelante, a su efecto, y traigo otra frase, que Jesús usó en su predicación. Dijo: "El Espíritu del Señor está sobre mí, por cuanto me ha ungido para anunciar buenas nuevas a los pobres. Me ha enviado a proclamar libertad a los cautivos y dar vista a los ciegos, a poner en libertad a los oprimidos, a pregonar" [¿qué?] "el año del favor del Señor". Y acá está mi otra letra. El año aceptable significa el año en el que Dios aceptará. Aún estamos en el tiempo en que Dios aceptará a personas por Jesucristo. Ore a Dios pidiendo que más personas lleguen a conocerlo, mirando a Jesús en la cruz y diciendo: "Ese hombre era Dios muriendo por mis pecados".

Le pido ahora que mire atrás al día de su *anno domini*. No me refiero a la edad física que tenga. Le diré cuál es mi *anno domini*. Fue 1947. Ese fue el año del Señor para mí. Ese fue el año en que el celo de Dios en mandar a Cristo para que naciera y muriera por mí llegó a JDP, y tuvo sentido. Ese fue mi *anno domini*. Fue el año en que el Señor me aceptó por él. Oro para que usted llegue a conocer el año del Señor, si aún no lo conoce. El celo del Señor hizo esto. Estaba tan desesperado por ayudarlo y salvarlo, quería hacer con tanta urgencia por el estado del mundo, que envió a Cristo, y la "X" marca el lugar donde Dios se hizo hombre y fue traído a nosotros. Pero usted debe tomar la X de *Xmas* (Christmas = Navidad) y debe darlo vuelta en el sentido correcto para que se convierta en otro lugar, una colina fuera del muro de una ciudad y eso marca el punto donde comienza el *anno domini* para usted, el *A*ño del Señor en el cual él lo acepta.

Notas

[1] Nota del traductor: El autor ha ordenado los distintos atributos del carácter de Dios a lo largo del libro usando las letras del alfabeto, pero en varios casos las palabras traducidas al español no comienzan con la misma letra que la palabra en inglés. Esta discrepancia se indicará cuando corresponda, ya que el autor menciona las letras de inicio de las palabras en varias partes del libro.

[2] ***Almighty*** = Todopoderoso; ***Bountiful*** = Abundante

[3] Por una poesía de Dorothy Frances Gurney que contiene esta frase.

[4] Referencia a un sermón de Spurgeon, donde dice que la Biblia es tan clara que "puede leerla el que corre".

[5] En español, ¿Por qué Dios permite los desastres naturales?

[6] Una cita de Dale Carnegie.

[7] En español, *Gracia eterna*.

[8] ***Fatherly Goodness*** = Bondad Paternal. No es posible mantener las primeras letras para seguir el alfabeto en estas dos palabras.

[9] ***Holiness*** = Santidad. No es posible mantener la primera letra para seguir el alfabeto en esta palabra.

[10] ***Kindness*** = Amabilidad/bondad; ***Love*** = Amor. No es posible mantener las primeras letras para seguir el alfabeto en estas dos palabras.

[11] En español, *¿Es Juan 3:16 el evangelio?*

[12] En español, *El Dios y el evangelio de la justicia.*

[13] ***One God*** = Un Dios. No es posible mantener la primera letra para seguir el alfabeto en esta frase.

[14] *Sunday* (domingo) = día del Sol (Sun)

[15] *Monday* (lunes) = día de la Luna (Moon)

[16] *Wednesday* (miércoles) = día de Woden

[17] *Thursday* (jueves) = día de Thor

[18] *Saturday* (sábado) = día de Saturno

[19] ***Wrath*** = Ira. No es posible mantener la primera letra para seguir el alfabeto en esta palabra

[20] Una cita del Himno de Batalla de la República.

[21] ***Year*** = Año; ***Zeal*** = Celo. No es posible mantener las primeras letras para seguir el alfabeto en estas dos palabras.

www.ingramcontent.com/pod-product-compliance
Lightning Source LLC
Chambersburg PA
CBHW070952080526
44587CB00015B/2271